북극곰

생존 프로젝트

기후위기의 지구에서
죽어가는 북극곰을 구하기 위해
지금 아니면 할 수 없는 일들

| 안치용, 이윤진 지음 |

북극곰
생존 프로젝트

마인드큐브

일러두기

■ 책, 정기간행물, 논문집은 《 》, 보고서, 논문, 영화는 〈 〉로 표시했다.

■ 기관, 조직, 기업, 협회는 [ ]로 표시했다.

■ 협약, 법률, 규정, 지침은 「 」로 표시했다.

서문

◇

지붕이 무너지는 집에서 살지만
집 밖으로 나갈 수 없는 사람의 희망 찾기

북극은 기후위기 시대에 '탄광 속의 카나리아' 같은 역할을 한
다. 제트기류가 출렁거려 우리가 겨울에 극강의 한파를 경험하게
되는 것은 지구온난화가 북극에 미친 영향 때문이다. '북극 증폭
현상'이라고 해서 그곳은 다른 지역보다 온난화의 영향을 더 받는
다. 북극권의 얼음이 녹으며 영국 저 위로까지 열을 전달하는 멕
시코 만류가 느려지고 있고 지구 전체 기후에 지대한 역할을 하는
대양의 거대한 흐름이 어쩌면 멈추어 설 수 있다는 연구가 나온
다. 모두 임박한 재앙에 관한 묘사다. 확실히 북극 이야기는 묵시
록을 닮았다. 사람들이 건성으로 듣는다는 점까지 닮았다.

'이쪽' 분야에서 20년가량 일하면서 입에 자주 올리는 단어가
지구온난화, ESG, IPCC, 북극곰 등이다. 상상할 수 있는 그런 것
들인데, 그중 북극곰은 대중강연에서 한 번쯤 언급하게 된다. 친
숙한 이미지 때문인지 졸던 사람도 이 대목에선 경청하는 듯하다.
북극곰의 멸종. 그들의 서식지인 북극의 얼음이 소멸하며 불가피
하게 이 세기가 끝나기 전에 사실상 멸종할 것이란 예측. 그들의

5

서문

◇

고향에서 그들이 살던 대로 살아가게 할 방법이 없고, 난민캠프 같은 동물원에다 모시는 게 거의 유일한 대안이라는 섬뜩한 이야기에 청중은 눈을 반짝인다. 그리고 일부는 안타깝다는 반응을 보인다. 졸던 사람은 다시 졸고, 나는 늘 하던 얘기를 계속한다.

북극곰이 어떻게 죽어갈지, 북극해의 얼음은 언제 다 녹을지, 남극은 지구온난화로부터 안전한지 등 평소의 궁금증을 가능한 한 실증적으로 풀어보기로 하고 뜻이 맞는 청년 김민주, 김아연, 복건우, 소진영, 안신우, 유채은, 이주현, 정민주, 조승우, 현경주 씨와 공부하여 내어놓은 결과물이 이 책이다. 함께 일하는 이윤진 〈ESG연구소〉 대표 또한 '공부'와 '보도'에 큰 도움을 주었다. 모두 감사드린다.

'기후우울증'이란 말이 있다. '이쪽' 분야의 사람은 어느 정도 그 병을 앓는다. 북극의 묵시록을 정리하여 보여준 다음에 사람들에게 그래도 희망이 있다고 말해야 할 텐데, 그게 쉽지 않다. 루

서문

◇

쉰(魯迅)이 '쇠로 된 방' 이야기를 하며 탈출이 불가능한 방에서 잠들어 있는 사람을 깨우는 것에 어떤 의미가 있는지를 물은 기억이 난다. 지금 인류가 처한 상황은 그 방보다는 분명 낫다. 그렇다고 루쉰이 말한 대로 여럿이 함께 걸어 희망의 길을 찾아낼 수 있다는 생각이 가능해 보이지는 않는다. 엄중한 상황에서 너무 상투적인 낙관론을 말하는 듯해서다. 희망의 근거가 없지만 그럼에도 희망을 품어야 한다는 시답잖은 정언명법이 우리 세대의 의무라는 정도의 얘기는 어쩌면 나눌 수 있겠다.

2024년 8월
안치용

Contents

차례

◇

Contents

차례

◇

Contents

차례

◇

Contents

차례

◇

그림

◇

그림

◇

그림

◇

CHAPTER

01

수련이 있는
연못의 수수께끼

50년 후 인류에게 남은 시간은?

연못에 수련을 키우고 있다. 그 수련은 하루에 두 배씩 면적을 넓혀 나간다. 만약, 수련이 자라는 것을 그대로 놔두면 30일 안에 연못을 완전히 뒤덮어 연못 속의 다른 생물들은 모두 질식해 사라져 버리게 된다. 당신은 수련이 너무 작아서 크게 신경 쓰지 않는다. 연못의 절반을 뒤덮었을 때 수련을 치울 생각이다. 29일째 되는 날 수련이 연못의 절반을 덮었다. 연못을 모두 덮기까지는 며칠이 남았을까? 29일? 아니다. 남은 시간은 단 하루뿐이다.

이 수수께끼는 지속가능성과 환경 분야의 기념비적 저서 〈성장의 한계〉(The Limits to Growth, 1972) 29페이지에 나온다. 지구촌의 종말이 하루밖에 남지 않았는데도 인류는 아직 29일이나 남은 것처럼 위기의 심각성을 깨닫지 못한다는 상황을 비유한 것이다.[1] 실제로 지구의 종말까지 남은 시간을 뜻하는 '지구종말 시계 Doomsday Clock'는 2023~2024년을 자정 전 100초를 가리키고 있다고 보았다. 지구종말 시계는 미국의 원자폭탄 개발 계획인 '맨해튼 프로젝트'에 참여한 과학자들과 알버트 아인슈타인이 인류에게 핵 위협을 경고하기 위해 고안한 시계로, 1947년 미국 〈핵과학자 회보(Bulletin of the Atomic Scientists)〉에 실린 뒤 최근까지 '종말'적 상황을 반영하며 계속 수정됐다. 시계의 자정을 인류 파멸의 날로 보고, 인류 스스로 만들어 낸 위험한 기술이 인류를 얼마나 위협하고 있는지 대중에게 알리기 위한 목적으로 고안된 추상적 시계다. 핵 위기 외에 기후 위기까지 종말 계산에 반영된다.

그림 1-1. 2022년 1월 20일 발표된 지구종말 시계.
자정을 100초 앞둔 시계의 모습을 볼 수 있다.
ⓒ 핵과학자회보

🐻 성장의 한계?

〈성장의 한계〉는 [로마클럽Club of Rome]이 발간한 보고서[2]로 1972년 3월 출간 이후 30여 개의 언어로 번역되어 현재까지 3,000만 부 이상이 팔린 베스트셀러다.[3] 인구 폭발이 임박했음을 경고한 미국 스탠퍼드대학 생물학자인 폴 엘리히Paul Ehrlich의 〈인구 폭탄〉(Population Bomb, 1968)이나 그보다 훨씬 앞서 산술급수적 식량증가와 기하급수적 인구증가로 인한 비대칭에 주목했던 토머스 로버트 맬서스Thomas Robert Malthus의 《인구론》(1798)에서 제기된 '성장의 한계'라는 문제의식의 연장선상에 〈성장의 한계〉가 위치한다.

인구 증가, 인간 활동이 야기한 생태학적 발자국의 증가가 유한한 지구에 끼칠 수 있는 물리적 영향에 대해 시스템 관점에서 탐구한 책이며 지속가능성(혹은 지속가능발전)과 ESG에서 가장 중요한 의제인 환경오염에 관해 공식적으로 문제를 제기한 책이라고 할 수 있다.[4] 〈성장의 한계〉가 출간됨에 따라 몇 달 뒤인 1972년 6월 5일 스톡홀름에서 열린 유엔 〈인간환경회의〉로 환경문제에 관한 국제적 관심이 수렴되었고, 1987년 유엔의 〈우리 공동의 미래〉 보고서의 지속가능발전 논의로 확대되었다.[5]

〈성장의 한계〉가 1972년 출판되었을 때 당시 신문의 헤드라인에는 "컴퓨터가 미래를 내다보고 전율을 일으켰다. 2100년까지의 재앙을 내다보는 연구, 과학자들은 세계의 파국을 경고한다"라는 문구가 적혔고, 의회와 과학계에서 논쟁이 일어났다. 당시 대부분의 경제학자들은 "인구증가와 물질적 소비를 의도적으로 줄여야 한다"는 제안에 분노했다.[6] 그러나 〈성장의 한계〉의 예측은 큰 틀에서 맞아 들어갔다는 게 중론이다.

〈성장의 한계〉 예측 프로젝트에 참여한 미래학자인 조엘 바커 Joel Barker는 [세계미래전문가협회APF, The Association of Professional Futurists]의 2018년 특집호에서 "행동하기를 오랫동안 미루면서 우리는 우리에게 큰 영향을 줄 정말 큰 변화에 눈감았다. 지금 당장 우리가 아무것도 하지 않는다면, 지구용량의 한계에 다다라 붕괴할 가능성이 더 높아질 것이다"라며 가능한 한 빠른 시일 내에 붕괴를 모면할 있는 방법을 찾아야 한다고 목소리를 높였다.[7]

〈성장의 한계〉저자들은 2004년에 발간한 〈성장의 한계: 30주년 개정판(The Limits to Growth: 30 year updated)〉발간사에서 "예측 프로그램인 '월드 3'가 전망한 시나리오가 30년이 지난 후 놀라울 정도로 정확한 것으로 밝혀졌다"며 "결과적으로 1972년보다 세계의 미래가 더 암울해졌다. 헛된 논쟁을 하느라 30년을 낭비했다. 앞으로 우리에게는 또 다른 30년이 없다"라고 경고했다.[8]

〈성장의 한계〉에서 제시한 실질적인 의미에 대해서는 여전히 지속적이고 뜨거운 논쟁이 이루어지고 있다. 환경과학자는 성장의 정점이 지난 이후의 '한계'에 대해 끊임없이 경고하지만, 여전히 많은 정치인과 기업인, 경제학자는 기술 혁신과 자원 대체 덕분에 실질적으로 성장이 제한되지 않는다고 주장한다.[9] 과학기술이 지구온난화를 해결한다고 믿는 에코모더니스트Eco-modernist들은 "과학기술은 환경파괴를 막기 위해 해결해야 할 문제가 아니라 유일한 해결책이다"라고 주장한다.

이들은 도시화를 가속해 인간을 자연과 분리decoupling하고, 원자력발전을 통해 자원사용을 줄이고, 대규모 기업적 농업과 유전자 변형 농산물GMO, Genetically Modified Organism 작물 연구를 통해 농지 면적을 줄이자는 새로운 관점을 '한계'의 해결책으로 제시한다.[10] 지구가 하나의 유기체로서 인류를 제거 대상으로 여기고 있다는 가이아 이론은 반대 입장이다. '가이아 이론'과 같은 맥락의 저술 혹은 영화는 '한계'를 모른 인간에게 지구의 '인류 청소'를 보여준다.

그림 1-2. 플라스틱으로 오염된 바다
ⓒ pixabay

〈성장의 한계〉가 출간된 1972년, 우리에게는 성장의 한계와 붕괴 위기에 처해 있는 지구시스템을 위해 행동에 나설 수 있는 시간이 지금보다 50년이 더 많았지만, 50년을 흘려 보낸 지금은 그때보다 적은 시간이 남아있음이 자명하다. 앞으로 50년 후에는 인류에게 시간이 얼마 남아있을까. 어쩌면 그때 가서는 남은 시간이 없는 건 아닐까 하는 걱정이 든다.

1 Donella H. Meadows & others. (1972). 'THE LIMITS TO growth'. A POMOMAC ASSOCIATES BOOK. pp 29

2 원제: 성장의 한계, 인류의 위기에 관한 로마 클럽 프로젝트 보고서: The Limits to Growth, A Report for the CLUB OF ROME's Project on the Predicament of Mankind

3 Mattew R. Simmons. (2000). 'Revisiting The Limits to Growth: Could the Club of Rome have been correct, after all?'. Mud city press.(USA). pp 68

4 로마클럽 홈페이지: Understanding "The Limits to Growth", A clear warning and a message of hope

5 '한국 시스템다이내믹스 연구'. 문태훈. (2016). '성장의 한계 논의의 전개와 지속가능발전에의 함의'. Vol. 17(2). pp 5-32

6 Donella Meadows & others. (2004). 'The Limits to Growth: 30 year updated.' Earthscan(UK). pp 18

7 Joel Barker. (2018). 'The Limits to Growth'. APF. Compass special edition. pp 2-3

8 Club of Rome hompage: History of the Limits to Growth

9 World Economic Forum: Debunking the Limits fo Growth. (2020.1.21)

10 An Ecomodernist Manifesto: 에코모더니즘 홈페이지 http://ecomodernisom.org

CHAPTER

02
지구온난화가
재구성한 생태계

그롤라베어의 탄생을 중심으로

알래스카에서 곰이 민가에 출몰한다는 소식이 전해진다. 몇 년 전 알래스카 남동부에 위치한 헤인즈 지역에서 새넌 스티븐슨이란 여성이 곰의 습격을 받은 사건이 보고되었다. 스티븐스는 이 지역 칠캣Chilket 호수의 캠핑장에서 화장실을 이용하던 중 정체 모를 생명체에 물려 다쳤는데, 나중에 괴생명체가 곰으로 밝혀졌다.[1] 곰이 인간 활동 지역에 출몰하는 게 더는 이례적인 사건으로 받아들여지지 않는다. 최근에 들어 더 자주 발견되고 있다고 한다. [BBC]에 따르면 2019년 2월 북극해에 위치한 러시아의 섬 노바야 제믈랴Novaya Zemlya의 행정 중심지에 무려 52마리의 북극곰이 나타나 동네를 헤집고 다녀 주민들을 공포에 휩싸이게 했다.[2]

그림 2-1. 2019년 2월 북극곰 수십 마리가 노바야 제믈랴에 침입해 돌아다니고 있다.
ⓒ instagram@muah_irinaelis

북극곰이 자신들의 서식지를 떠나 인간이 거주하는 공간에 침입하게 된 근본적인 원인은 지구온난화다. [세계자연기금WWF, World Wildlife Fund]은 기후변화로 바다 얼음 면적이 감소하면서 먹이 활동이 힘들어진 북극곰이 먹이를 찾아 육지로 내려오게 된 것이라고 설명했다.[3] 인간이 초래한 기후위기가 북극곰의 생활 터전을 위협하고 북극곰이 남하하면서 인간 자신의 주거환경에 연쇄적으로 영향을 끼치고 있다.

새로운 혼혈종 '그롤라베어'의 등장

[내셔널지오그래픽]의 탐사팀(제이슨, 패트릭, 케이시)이 2014년에 기록한 알래스카 카크토빅Kaktovik의 영상에서도 기후변화로 민가에 내려온 북극곰을 볼 수 있다.[4] 카크토빅은 미국 알래스카 주 북쪽 해안에 있으며 겨울에는 영하 45.6℃까지 떨어져 알래스카에서 가장 추운 지역 중 한 곳으로 꼽힌다. 북극권 국립 야생보호구역 경계 내에 위치한 카크토빅 마을에는 이누이트족 250여 명이 거주한다. 이들은 고래를 사냥해서 필요한 가죽과 지방을 분리하여 가져가고 뼈 등 남은 것을 해변에 버리는데, 버려진 고래 잔해를 먹기 위해 북극곰이 마을에 내려온다.

이 시점에서 8년을 거슬러 올라가 2006년 캐나다에서, 인간에게 사냥 당해 죽은 곰이 보통의 북극곰과 생김새가 달라 연구 대상이 된 사건을 주목할 필요가 있다.[5] [내셔널지오그래픽]은 이 곰이 2006년에 처음 발견된 종이며, 캐나다 브리티시컬럼비아 주에 소재한 생명과학 회사 [WGI]에서 DNA검사를 시행한 결과 암컷 북극곰과 수컷 회색곰 사이에서 태어난 혼혈곰이었다고 전했다. 캐나다 환경부의 야생동물 부서에서 일하는 연구원 이언 스털링은 새롭게 발견된 혼혈곰에게 '그롤라베어Grolar Bear'라고 이름을 붙였다. 북극곰을 뜻하는 폴라Polar와 회색곰을 뜻하는 그리즐리Grizzly를 합성한 작명이다. 외관상 그롤라베어는 북극곰과 회색곰 양쪽의 특징을 지닌다. 그롤라베어의 털은 전반적으로 북극곰과 같은 흰색이나, 발 부분에 회색 털이 섞여 있었다. 몸의 형태와 덩

그림 2-2. 2006년 캐나다 야생에서 최초로 발견된 그롤라베어의 사진이다.
ⓒ Didji Ishalook/Facebook

치는 북극곰과 더 유사했으나 얼굴의 생김새는 회색곰을 닮았다.

그롤라베어가 발견됐을 때 미국의 [어류 및 야생동물 관리국 FWS]의 알래스카 해양 포유류 담당자는 새로운 혼혈곰의 발견이 흥미로운 사건일 뿐 그 이상의 의미를 지니지 않는다는 다소 시큰둥한 반응을 보였다. 그롤라베어와 같은 새로운 혼혈종의 출현이 지구온난화의 결정적인 증거가 된다고 결론 짓기는 아직 이르다는 입장이었다. DNA를 검사한 [WGI] 또한 어떤 것도 결론지을 수 없으며 이러한 이종교배가 일회성인지 아니면 장기적 관점으로 계속해서 일어날 일인지는 향후 추적해야 할 과제라고 밝혔다.[6]

2014년 [내셔널지오그래픽] 팀이 카크토빅의 고래 뼈더미에 접근한 목적은 그롤라베어의 등장이 단순한 일회성 사건이 아님을 증명하기 위해서였다. 그롤라베어 발견 이후 기후변화로 인한 동물의 서식지 이동과 이에 따른 이종교배 사례가 종종 목격되었다. 2010년에는 수컷 북극곰과 암컷 회색곰의 교배종인 '피즐리베어 Pizzly Bear'가 발견되었다. 같은 해, 미국 [국립 해양포유류 연구소] 소속의 브렌든 켈리 연구팀은 과학잡지 《네이처》에 "기후변화로 생태계가 파괴됨에 따라 북극 해양 포유류 34개 종이 이종교배가 가능한 환경에 처할 것"이라고 경고했다.[7] 34개 종의 목록에는 일각고래-벨루가, 점박이물범-띠무늬물범 쌍을 비롯하여 북극곰-회색곰 쌍이 포함됐다.

켈리 또한 그롤라베어가 처음 발견된 2006년에는 그롤라베어 발견에 큰 의미를 부여하지 않았다. 하지만 이후 북극에서 탄생한 이종교배종을 연구하면서 기후변화와 이종교배의 연관성이 크다고 확신하게 됐다. 켈리는 "북극의 바다 얼음이 녹으면서 서식지의 벽이 허물어져 이례적인 종 간 교배가 이루어지고 있으며 생태계 혼란으로 이어질 것"이라고 주장했다.

기후변화와 이종교배 사이의 상관관계를 입증하는 연구들이 등장하고 기후변화로 북극곰과 회색곰의 서식지 변화가 빨라지자 [내셔널지오그래픽] 탐사팀은 알래스카에서 그롤라베어를 관찰할 수 있을 것이라 예상하고 원정을 기획했다. 탐사팀은 현지인들을

그림 2-3. [내셔널지오그래픽] 팀이 카크토빅 마을의 뼈더미 근처에서 관찰 카메라를 통해 포착한 그롤라베어의 모습
© National Geographic Korea/Youtube

수소문하여 북극곰과 회색곰이 동시에 이 마을에 나타난다는 사실을 알아냈다. 또한 그동안 보지 못한 생김새의 곰을 보았다는 증언을 확보했다. 결국 탐사팀은 뼈더미를 찾아 마을에 내려온 그 그롤라베어를 포착하는 데 성공한다. 그롤라베어가 2006년에 단순히 일회성으로 발견된 것이 아니라 한 생물 종으로서 존재한다는 증거를 찾은 것이다.

🐻 지구온난화와 새 혼혈종의 탄생

오래전부터 북극곰은 북극 지역의 북쪽에, 회색곰은 북극 지역의 남쪽에 서식했다. 하지만 기후위기로 북극곰의 서식지가 줄어들면서 전통적인 서식지 구분에 변화가 생겼다. 미국 [국립 해양대기청NOAA, National Oceanic and Atmospheric Administration]이 매년 발표하는 '북극성적표Arctic Report Card'에 따르면 북극은 지구의 다른 지역보다 두 배 이상 빠르게 온난화가 진행되고 있다.[8] 이에 따라 북극해를 채운 얼음이 줄어들고 있다. 북극 얼음 면적의 감소는 기후변화의 가장 상징적인 지표로 받아들여진다. 바다 얼음은 면적이 줄어들고 있을뿐 아니라 얼음의 두께 또한 계속해서 얇아지고 있다.[9] 미국 [해양대기청NOAA]는 미국 [국립 빙설자료센터NSIDC, National Snow and Ice Data Center]의 자료를 인용해 북극해의 얼음 면적이 10년에 평균 13.1%씩 감소하고 있다고 보고했다(북극해의 해빙 감소는 다음 장에서 더 자세히 살펴본다).

얼음 면적과 두께의 동시 감소는 북극 해양 생태계에 큰 위협을 가한다. [세계자연보전연맹IUCN, International Union for Conservation of Nature]은 위기 종 목록Red List에서 북극곰을 취약Vulnerable 등급으로 분류했다. 취약 등급은 '위협Threatened' 범주 중 가장 낮은 단계로 야생에서 멸종될 위험이 높은 종을 나타낸다.[10] 북극곰을 위협하는 가장 큰 원인으로 바다 얼음의 손실을 언급했다.[11] 해빙의 감소로 먹이를 사냥하기 어려워진 북극곰은 먹이를 찾아 인간이 거주하는 육지로 내려오게 된다. 반면 북극 지역의 남쪽에 거주하던

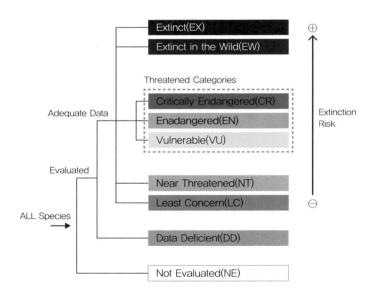

그림 2-4. IUCN의 위기 종 목록(Red List)의 카테고리와 기준 자료
ⓒ IUCN

회색곰은 온난화로 과거보다 기온이 높아진 북쪽으로 올라갈 수 있게 된다. 결국 북극곰과 회색곰이 같은 영토를 공유하게 되었으며 두 종이 만나 짝짓기를 하여 그롤라베어가 탄생한다.

그롤라베어가 생태계에 미치는 영향

일각에서는 그롤라베어의 등장이 생태계에서 자연스럽게 일어나는 과정이라고 생각한다. 북극곰과 회색곰이 생존을 위해 새로운 서식지를 찾아 나서면서 두 곰이 만나 그롤라베어를 탄생시킨 것은 맞다. 동시에 그롤라베어와 같은 혼혈종은 생태계 교란을 보여주는 증거이기도 하다.

켈리는 생태계에서 일어나는 이종교배가 반드시 환경에 나쁜 것은 아니라고 말했다. 하지만 급속하게 진행하는 지구온난화로 수많은 종이 교배하고 잡종이 탄생하는 것은 생태계에 위협이 될 수 있다고 경고했다.[12]

1980년 독특한 생김새를 가진 고래가 그린란드의 한 사냥꾼에 의해 발견됐다. 덴마크 자연사 박물관으로 옮겨져 연구한 결과 이 고래가 일각고래와 벨루가의 이종교배에서 탄생한 고래(나루가)라는 사실이 밝혀졌다.[13] 캐나다의 비영리단체 [해양 포유류 연구 및 교육 그룹GREMM, Group for Research and Education on Marine Mammals]이 2018년에 만든 영상은 혼혈종 '나루가'가 추후에도 발견될 가능성을 보여준다.[14] 이 영상은 일각고래가 벨루가 무리에서 생활하는

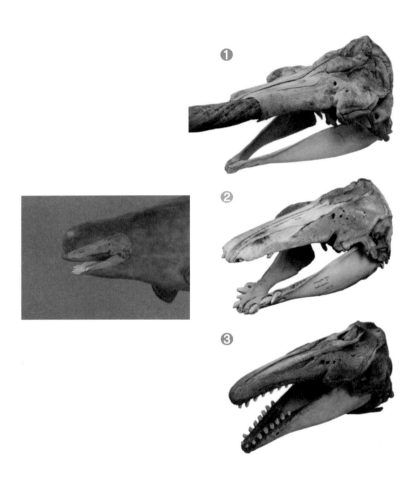

그림 2-5. (왼쪽) 나루가 상상도
(오른쪽) 일각고래(❶), 나루가(❷), 벨루가(❸)의 두 개골 비교
ⓒ Mikkel Høegh Post/덴마크 자연사 박물관

모습을 담았으며 이에 따라 북극의 기후변화로 앞으로 또 다른 나루가가 등장할 것이라고 [GREMM]은 예고했다.

여기서 특이할 점은 나루가가 부모에게서 번식에 유리한 이빨 구조를 물려받지 못한 '외교배약세Outbreeding Depression'를 보였다는 사실이다.[15] '외교배약세'는 생태학적으로 각자의 서식 환경에 맞게 진화한 두 개체군이 교배한 결과 나루가처럼 생태적 적합성이 퇴보한 후손을 낳는 현상을 말한다.[16]

그롤라베어도 북극곰의 뛰어난 수영 능력을 온전하게 물려받지는 못했다.[17] 북극해라는 혹독한 환경에서 생존하는 데 최적화한 북극곰과 비교해 그롤라베어는 목이 짧은 신체조건을 지녀 물속에서 어머니만큼의 수영능력을 발휘할 수 없었다. 반면, 일부 과학자들은 그롤라베어가 각자의 영역에서 진화한 북극곰과 회색곰의 좋은 특징들을 조합하여 변화한 환경에 더 잘 적응할 수 있을 것으로 예상한다.

예를 들어 미국 밴더빌트 대학의 생물학 교수 라리사 데산티스의 분석에 따르면 그롤라베어의 신체조건은 오히려 더 넓은 범위에서 먹이활동을 가능하게 한다.[18] 혼혈곰이 지구온난화 추세에서는 어쩔 수 없는 절충안이라는 것이다. 하지만 켈리는 "가속화하는 환경변화로 발생하는 종 간의 번식은 자연스러운 현상이 아니며 혼혈종이 생존 특성을 진전시킬 시간이 충분하지 않다는 점에서 위험할 수 있다"라고 말했다.[19]

　　새로운 혼혈종의 등장은 비교적 최근에 목격된 현상이기에 아직까지 그들이 생태계에 미치는 영향을 명확하게 결론지을 수는 없다. 그러나 이 현상이, 기후변화가 먼 미래의 일이 아니라 현재 일어나는 일이라고 말해준다는 점은 확실하다. 북극에서 계속해서 발견되는 혼혈종의 흔적은 지구온난화의 위험을 경고하는 징표다. 미국 산타 크루즈 캘리포니아 대학의 진화 생물학자 베스 샤피로 교수는 카크토빅에서 발견된 그롤라베어를 보고 "극심한 기후변화가 생기면 꼭 이종교배가 일어나며 현재 북극에서 발견되는 혼혈종은 극심한 기후변화의 증거"라고 말했다.[20]

　　극심한 환경변화에 따른 어려움은 북극에 서식하는 동물만이 겪지 않는다. [내셔널지오그래픽] 화면 속이 아닌, 실제 주거지역에서 북극곰 혹은 그롤라베어와 직접 마주치게 된 인간도 겪는다. 2019년 러시아의 노바야 제믈랴 섬 중심지에 북극곰 52마리가 침범했을 때 러시아 정부는 비상사태를 선포했으며 주민들은 두려움 때문에 집을 나서지 못해 일상생활 자체가 어려워졌다.[21]

　　북극곰은 코카콜라 광고 속에 나오는 친근하고 귀여운 존재가 아니라 조우했을 때 인간의 생존을 위협할 수 있는 무서운 존재다. 지구온난화가 진행되면서 인간이 북극곰과 점점 더 넓은 서식지를 공유하게 된다면 인간에게 '비상사태'는 끊이지 않을 것이다. 그러나 무엇보다 멸종을 포함하여, 앞으로 북극곰이 겪어낼

비상사태가 더 치명적이고 돌이킬 수 없는 결과를 낳을 것이며 그 것이 인간에서 비롯했음이 사태의 핵심임을 기억해야 한다. 북극 지역에서 그롤라 또는 피즐리가 어떤 미래를 열어갈지는 두고 볼 일이지만, 북극곰의 거주지가 동물원으로 제한되는 모습은 그리 먼 미래의 일이 아니다.

1   BBC(2021), 'Alaska woman attacked by bear while using toilet'

2   BBC(2019), 'Russia islands emergency over polar bear 'invasion"

3   World Wide Fund for Nature의 News 자료(2019), 'WWF: EXPERTS WILL
    CLARIFY THE SITUATION WITH POLAR BEARS ON NOVAYA ZEMLYA
    ARCHIPELAGO'

4   내셔널지오그래픽(National Geographic Korea Youtube) 채널 영상(2021), '기후변화
    가 만든 북극곰과 회색곰의 혼혈종 '슈퍼곰", '북극곰과 회색곰의 특징을 모두 가진 혼혈
    종의 흔적', '북극곰의 털색에 회색곰의 얼굴을 한 혼혈종의 발견!'

5   JOHN ROACH(2006), 'Grizzly-Polar Bear Hybrid Found—But What Does It
    Mean?' , 〈National Geographic〉 News

6   JOHN ROACH(2006), 'Grizzly-Polar Bear Hybrid Found—But What Does It
    Mean?' , 〈National Geographic〉 News

7   Brendan P. Kelly, Andrew Whiteley & David Tallmon(2010), 'The Arctic melting
    pot', 〈Nature〉

8   National Oceanic and Atmospheric Administration(2021), 'Arctic Report Card
    2021'

9   National Snow and Ice Data Center(2021), 'A step in our spring', Artic Sea Ice
    News & Analysis

10   Polar Bear Specialist Group, https://www.iucn-pbsg.org/iucn-redlist/

11   International Union for Conservation of Nature, IUCN Red List of Threatened
    Species 홈페이지, https://www.iucnredlist.org/

12   Brendan P. Kelly, Andrew Whiteley & David Tallmon(2010), 'The Arctic
    melting pot', 〈Nature〉

13   Natural History Museum of Denmark of UNIVERSITY OF COPENHAGEN(2019),
    'Danish researchers confirm that narwhals and belugas can interbreed', News

14   GREMM의 Whales Online(2018), 'WITH THE BELUGAS… AND A NARWHAL!'

15   Brendan P. Kelly, Andrew Whiteley & David Tallmon(2010), 'The Arctic
    melting pot', 〈Nature〉

16   Encyclopedia of Biodiversity(2007)

17   Brendan P. Kelly, Andrew Whiteley & David Tallmon(2010), 'The Arctic
    melting pot', 〈Nature〉

18　Ben Turner (2021), "Pizzly' bear hybrids are spreading across the Arctic thanks to climate change', https://www.livescience.com/pizzly-bear-hybrids-created-by-climate-crisis.html

19　Eva Holland(2018), 'MEET THE GROLAR BEAR', Pacific Standard, https://psmag.com/environment/the-grolar-bear-is-just-the-first-of-many-inter-species-hybrids-coming-to-the-arctic

20　내셔널지오그래픽(National Geographic Korea Youtube) 채널 영상(2021), '북극곰의 털색에 회색곰의 얼굴을 한 혼혈종의 발견!'

21　BBC(2019), 'Russia islands emergency over polar bear 'invasion'

CHAPTER

03

북극 얼음,
예상보다 더 빨리 녹는다

'얼음 없는 북극' 시대 대비해야

북극에서는 지구온난화가 다른 지역보다 빠르게 진행한다. 다른 지역보다 빠른 북극의 온난화는 다시 여타 지역의 온난화에 나쁜 영향을 미친다. 이러한 악순환 구조로 북극은 지구온난화의 최전선으로 간주된다.

세계의 주요 6개 기관 자료를 근거로 매년 지구 평균기온 상승폭을 분석해 도출하는 유엔 [세계기상기구WMO, World Meteorological Organization]에 따르면 2023년 지구 평균기온은 산업화 이전 대비 (1850~1900년) 1.45℃ 올랐다. 표본오차(±0.12)를 고려하면 1.57℃까지 상승했다는 해석도 가능하다. 즉 「파리기후협약」에서 인류가 합의한 2100년까지의 지구 평균기온 상승폭 제한 목표 1.5℃를 사실상 넘어섰다고 봐도 된다는 뜻이다.

2023년의 지구 평균기온은 174년의 지구 기온 측정 역사에서 가장 높았다. [WMO]에 따르면 2023년 이전에 가장 따뜻한 해는 2016년으로 산업화 이전 대비 1.17~1.41℃ 높았다. 지금 추세로는 2024년, 2025년에 계속해서 신기록을 갈아치울 가능성이 농후하다.

북극에서도 상황이 비슷했다. 2022년 10월~2023년 9월까지 북극 표면의 평균온도는 0.76~0.77℃로 1900년 이후 여섯 번째로 따뜻했고, 2023년 여름(7~9월)은 기록상 가장 따뜻했다.[1]

미국 [해양대기청NOAA]이 발표한 북극 기온자료([그림 3-1] 위)를 보면 2023년 여름(7~9월) 기온은 1991~2020년 여름의 기온 평균보다 북극 전역에서 높았다. 붉을수록 평균보다 2023년 여름

평균 온도와의 차이

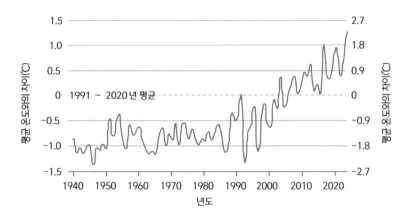

그림 3-1. 북극의 기온변화
ⓒ 미국 해양대기청(NOAA)

기온이 더 높다는 뜻으로 가장 붉은 4°C에 해당하는 지역이 적지
않았고 평균보다 낮은 지역(푸른색)은 찾기 어려웠다. 1940년부터
2023년까지 북극 전체의 여름 평균기온을 1991~2020년 평균과
비교한 그래프([그림 3-1] 아래)에서도 북극 지역의 기온 상승이 확
연히 확인된다.

북극증폭

미국 [해양대기청NOAA]이 2006년 이래로 매년 발표하는 '북극
성적표Arctic Report Card'는 지구온난화로 인한 북극의 변화를 추적하
면서 특히 북극의 온난화가 지구온난화보다 더 빠르게 진행되는
'북극증폭'현상에 주목한다.[2] [3] 북극증폭 현상은 북극의 온난화가
다른 지역의 온난화보다 더 빠르게 진행되는 현상을 말한다.[4] 유
럽연합EU, European Union의 지구 관측 프로그램인 코페르니쿠스에
따르면 1990년대 이후 북극 지역은 지구 전체보다 훨씬 빠른 속
도로 온난화가 진행되었다.[5] '북극성적표'는 북극이 다른 지역보다
두 배 이상 빠르게 온난화하고 있다고 보고했다.[6]

핀란드 [기상연구소]는 2022년 8월에 북극증폭 속도가 2배가
아닌 4배라는 충격적인 연구 결과를 내놓았다.

북극증폭을 설명한 그래프([그림 3-2])에서 1991~2020년 평균
대비 북극의 기온 상승폭은 대체로 지구 전체와 비교해 낮았으
나, 21세기 들어 지구 전체와 비교해 상승폭이 커지는 경향을 보

인다. 특히 현재에 가까울수록 지구 전체보다 상승폭이 더 커지는 추세가 뚜렷했다.

2020년 6월 북극권에 위치한 시베리아 베르호얀스크의 기온이 38℃까지 올라 관측 이후 북극 기온으로는 사상 최고치를 기록했다.[7] 베르호얀스크의 최저 기온 기록은 1892년 2월 5일과 7일의 영하 67.8℃였다. 북극권 기준선(북위 66.5°) 이북 도시 중 최저 기온과 최고 기온 타이틀을 모두 베르호얀스크Верхоянск가 보유했으며 최고 기온과 최저 기온 간의 차이는 106℃에 달한다. 코페르니쿠스 기후 데이터에 따르면 시베리아는 그해 6월 예외적인 더위를 기록했으며 6월 평균기온이 1981~2010년 평균기온보다 10℃나 높았다.[8] [9]

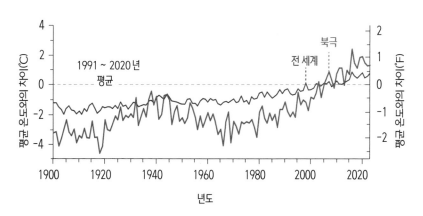

그림 3-2. 기온으로 드러나는 북극증폭
ⓒ 미국 해양대기청(NOAA)

북극의 기온 상승은 북극 생태계의 핵심인 해빙에 영향을 미친다. 북극 해빙은 북극을 둘러싼 대륙 안쪽 바다의 대기 접면이 얼어붙은 것으로 북극뿐 아니라 지구 전체 기후에 중요한 역할을 한다. 해빙 면적은 얼음 농도가 15% 이상인 바다의 범위로 정의되며 1979년부터 현재까지의 북극 해빙 면적이 마이크로파 위성 원격탐사를 통해 조사되었다. 북극 얼음 면적의 급격한 감소는 기후변화의 가장 상징적인 지표다.[10]

　　북극의 계절적 순환은 3월에 해빙이 최대 면적을 기록하며 봄과 여름을 거쳐 얼음이 녹으면서 9월에 최소 면적을 기록한다.[11] 미 [국립빙설자료센터NSIDC, National Snow and Ice Data Center]에 따르면 1979년 9월 북극 해빙의 면적은 약 645만km²였지만 2023년 9월엔 423만km²로 줄었다.[12] [13] 그 사이에 한반도 면적의 10배 이상의 얼음이 사라진 셈이다.[14]

　　[NSIDC]가 2023년 9월 해빙 면적을 그림으로 표현한 자료([그림 3-3] 위)를 보면 1981~2010년의 중앙값과 1991~2020년의 중앙값에 비해 확연하게 줄어든 것을 확인할 수 있다. 당연히 1991~2020년의 중앙값 면적이 1981~2010년의 중앙값 면적보다 작다. 1991~2020년의 평균값과 비교한 연도별 면적 변화 추이를 보면 최소면적이 가장 클 때와 적을 때의 차이가 약 70%p에 달한다. 9월의 최소면적의 감소폭에 비해 3월의 최대면적 감속폭은 훨씬 작지만 최대면적 또한 줄어들고 있음이 분명히 눈에 띈다. 해빙은 태양의 빛 에너지를 반사하여 온난화를 늦추고 해양 포유

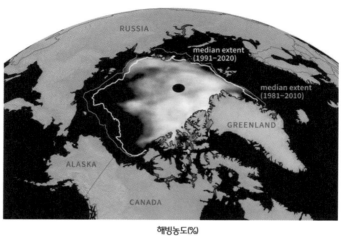

해빙농도(%)

15   100

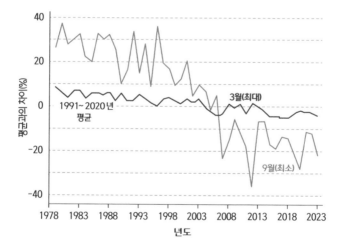

그림 3-3. 2023년 북극 해빙 면적(위)과 평균 대비 연도별 면적 변화 추이(%)(아래)
ⓒ 국립빙설자료센터

류에게 서식지를 제공하기에[15] 해빙 감소는 북극에 큰 일이 났다는 얘기다.

북극 해빙의 변화를 평가할 때 면적 외 또 다른 중요한 지표는 해빙의 나이다. 북극 해빙은 생성된지 얼마나 되었는지를 기준으로 구분된다.[16] 해빙은 바닷물이 얼어붙어 만들어진 것으로 겨울철에 생겼다가 여름철에 녹는 단년생 얼음과 최소 한 번의 여름철을 버틴 다년생 얼음으로 구분된다.[17] 다년생 얼음은 더운 여름에 녹지 않고 살아남은 두꺼운 얼음으로 두께가 4m까지 도달한다. 반면 1년정도 된 얼음은 일반적으로 최대 2m까지밖에 두꺼워지지 않으며 다년생 얼음에 비해 쉽게 녹는다.[18] 다년생 얼음은 북극 해빙 유지에 중요한 역할을 한다. 다년생 얼음이 많아야 북극 얼음이 살아남을 가능성이 커진다.

지구온난화와 함께 북극해에서 다년생 얼음의 급격한 감소가 일어나고 있다. 다년생 얼음은 1985년 9월 440만km²에서 2021년 9월 129만km²로 감소했다. 2012년 이후 계속해서 낮은 수준이 유지된 다년생 얼음의 면적은 2021년 역대 두번째로 최저를 기록했고, 2022년과 2023년까지 비슷한 수준을 유지했다. 북극 얼음 나이에 관한 기록이 시작된 1985년에는 다년생 얼음이 우세했지만 이제는 단년생 얼음이 우세하다.[19]

1985년에는 4년을 초과해 살아남은 오래된 얼음이 다년생 얼음 면적의 절반을 넘었지만 최근엔 그림([그림 3-4] C)에서 보듯 미미한 수준으로 떨어졌다. 4년을 초과하여 생존한 장수 얼음은 거

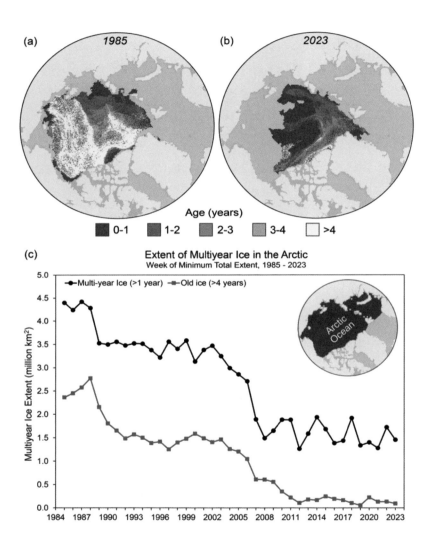

그림 3-4. 북극 얼음의 나이 자료
ⓒ 미국 해양대기청(NOAA)의 Arctic Report Card 2023

의 사라졌다. 2012년 이후 지속해서 미미한 수준이었던 다년생 얼음은 2021년에 역대 두 번째로 낮은 수준에 도달했고, 2022년과 2023년에는 겨우 그 수준을 유지했다. 북극 얼음의 '체질'이 약해져 앞으로 여름철에 살아남을 얼음이 줄어든다는 의미다.[20]

앞으로 더 빨라질 빙하 소멸 속도

북극의 깨어진 균형은 '되먹임 효과Feedback effect'에 따라 더욱 빠르게 악화할 전망이다. 되먹임 효과란 기후시스템에 존재하는 과정 사이에서 최초 과정의 결과가 두 번째 과정에 변화를 촉발하고 이 과정이 다시 최초의 과정에 번갈아 영향을 미칠 때, 이러한 상호작용 메커니즘을 말한다.[21]

되먹임 효과를 이해하기 위해서는 기후시스템을 알아야 한다. 기후시스템은 대기권, 수권, 빙권, 생물권, 지권의 5개 요소로 구성돼 각 요소의 상호작용으로 기상이나 기후가 결정된다. 되먹임 효과는 이 다섯 요소가 서로 상호작용하면서 어떠한 현상을 증폭하거나 감소하는 것을 말하는데, 초기에 주어진 변화를 증폭하는 되먹임은 '양의 되먹임Positive feedback', 변화를 억제하는 되먹임은 '음의 되먹임Negative feedback'이라고 한다.[22]

이런 되먹임 효과는 북극에서 다른 지역보다 얼음이 더 빠르게 녹을 수밖에 없는 이유를 설명해준다. 대표적인 '양의 되먹임'으로 알려진 '얼음-알베도 되먹임'은 온난화로 극지방에 넓게 분포

한 빙하가 녹으면서 알베도가 떨어져 태양열이 전보다 덜 빠져나
가고, 그 결과 기온이 계속해서 오르고 빙하가 더 빠르게 녹는 현
상을 말한다. '알베도'는 표면이나 물체에 의해 반사되는 태양복
사의 비율을 말한다. 눈처럼 흰 물질로 덮인 곳은 알베도가 높아
복사에너지를 더 많이 튕겨낸다. 반대로 초목으로 덮인 표면이나
해양은 알베도가 낮아 얼음이 있는 곳보다 열을 더 흡수한다.

극지방은 거대한 대륙빙상과 해빙으로 덮여 있어 대기가 차가
우면 빙상이 계속 커져 얼음으로 덮인 면적이 늘어난다.[23]

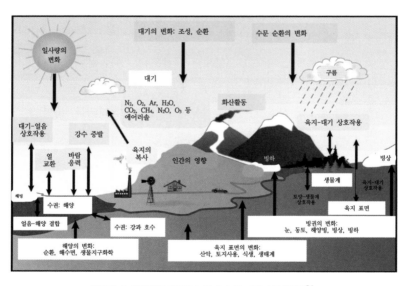

그림 3-5. 기후계의 구성요소 및 요소 간 과정과 상호작용[24]
ⓒ IPCC 기후변화 과학의 역사적인 개관, 기후변화 2007

흰색인 얼음은 지표상의 어떤 물질보다 알베도가 높아서 빙상이 늘어나면 지표가 흡수하는 태양에너지가 감소한다. 그러나 날씨가 따뜻해지면 얼음이 줄어들어, 이전에 비해 튕겨내는 태양에너지가 줄고 동시에 녹은 얼음이 짙은 색의 바다로 변해 흡수하는 에너지가 늘어난다. 반사만 주는 게 아니라 줄어든 반사만큼 흡수가 늘어나는 구조다. 극지방에서 한번 온도가 높아지거나 낮아지면 계속해서 그 정도가 심해지는 양의 되먹임이 나타나는 까닭이다. 이 때문에 중위도나 고위도 지역에서, 적도 지방을 비롯해 얼음이 없는 지역보다 더 극적인 변화가 일어난다.[25][26]

북극의 해빙과 해저의 영구동토층 사이에도 양의 되먹임이 일어난다. 북극 고위도에 위치한 영구동토층은 2년 이상 토양온도가 0°C 이하로 유지되는 토양이라는 게 지질학적 정의다. 북극해의 얕은 대륙붕에 있는 해저 영구동토를 비롯해 영구동토는 오래된 유기탄소 퇴적물을 함유한다. [기후변화에 관한 정부 간 협의체IPCC, Intergovernmental Panel on Climate Change]는 영구동토층이 현재 대기에 이산화탄소로 존재하는 탄소량보다 최소 2배의 탄소와 메탄을 보유하고 있어 동토층에 묶여 있던 탄소와 메탄이 대기 중으로 방출되면 급격한 되먹임을 가져올 것으로 예측했다.[27] 북극의 얼음이 녹으면, 지구온난화로 인한 육지 동토층의 해빙과 별개 움직임으로, 해저의 영구동토층도 깨어난다. 북극은 얼음과 영구동토층으로 구성된 기후위기의 시한폭탄이다.

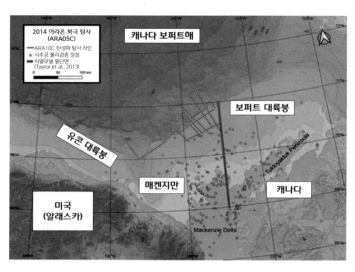

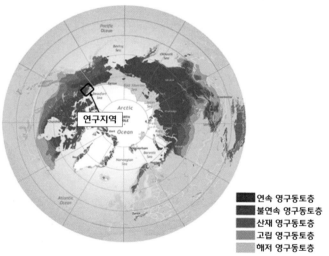

그림 3-6. 북반구 영구동토층 분포와 북극해 탄성파 탐사 위치
ⓒ 극지연구소

지구온난화 시대에 북극에서 일어나는 변화는 분명하고 위협
적이지만, 변수가 많아 경로는 가변적이다. IPCC는 온실가스 배
출량에 따른 각각의 시나리오를 만들어서 북극 해빙의 미래와 지
구온난화 사이의 상관관계를 전망했다.[28] 2021년 IPCC가 내놓은
6차 평가보고서는 '공통 사회경제경로SSP, Shared Socioeconomic Pathways'
를 이용하여 인간이 만들어내는 온실가스 농도와 미래 사회경제
변화를 기준으로 SSP1-2.6, SSP2-4.5, SSP3-7.0, SSP5-8.5의 4개
의 시나리오를 제시했다. 시간에 따른 변화를 강조하기 위해 온실
가스 배출량 시나리오에 경로Pathway라는 단어를 사용했다.[29] [30]

SSP 뒤에 나오는 첫 번째 숫자는 사회발전 지표와 온실가스 감
축 정도에 따라 구별한다. SSP1과 SSP5는 사회가 발전되면서 온
실가스 감축을 잘하거나(1), 못한(5) 경우이며, SSP3과 SSP4는 사
회 발전이 더디나 온실가스 감축을 잘하거나(4), 못한(3) 경우다.
SSP2는 다른 사회경제경로의 중간단계 정도의 발전 및 감축을 이
룬 경우를 뜻한다.[31]

그 뒤에 나오는 숫자는 2100년 기준의 복사강제력을 나타낸
다. 복사강제력이란 지구-대기 시스템에 영향을 주어 에너지 평형
을 유지 및 변화하는 영향력의 척도로 양(+)의 복사강제력은 지표
면 온도를 상승시킨다.[32] 2.6/4.5/6.0/8.5의 복사강제력을 기준으
로 하며, 8.5는 온실효과를 발생시키는 태양복사에너지 $8.5W/m^2$

가 지구로 더 흡수됨을 의미한다. SSP1-2.6을 예로 들면, 재생에너지 기술이 발달하며 지속가능한 경제성장을 이룰 것으로 가정하여 상대적으로 낮은 2.6W/m²의 태양복사에너지가 흡수되는 시나리오를 전제한다.[33]

모든 시나리오에서 기온은 21세기에 지속해서 상승한다. 기온 상승 자체를 막을 수는 없다는 뜻이다. 또한 후반기로 갈수록, 고배출 시나리오일수록 더 큰 기온 상승이 예상된다. 가장 이상적인 시나리오인 SSP1-2.6에서는 2100년까지 지구표면 평균온도가 약 1.8°C 상승할 것으로, 온실가스 배출이 가장 많은 SSP5-8.5에서는 약 4.4°C 상승할 것으로 예측된다.[34] 북극 해빙은 이러한 시나리오

종류	의미
SSP1-2.6	재생 에너지 기술 발달로 화석 연료 사용을 최소화하고 친환경적으로 지속가능한 경제성장을 이룰 것으로 가정하는 경우
SSP2-4.5	기후변화 완화 및 사회경제 발전 정도가 중간 단계를 가정하는 경우
SSP3-7.0	기후변화 완화 정책에 소극적이며 기술 개발이 늦어 기후변화에 취약한 사회구조를 가정하는 경우
SSP5-8.5	산업 기술의 빠른 발전에 중심을 두어 화석 연료 사용이 높고 도시 위주의 무분별한 개발이 확대될 것으로 가정하는 경우

표 3-1. 사회경제경로(SSP)에 따라 산출된 전지구 기후변화 시나리오
ⓒ 기상청

에 따라 21세기말에 연평균 빙하량이 현재 대비 최소 19%에서 최대 76%까지 감소할 것으로 [국립기상과학원]이 분석했다. 특히 기온이 높아지는 여름철에 북극 해빙은 모든 시나리오에서 21세기 중반 이후 거의 사라지는 것으로 전망됐다.[35]

[국립기상과학원]이 SSP에 따른 미래 중반기(2041~2060년)와 미래 후반기(2081~2100년)의 북극 해빙 면적을 월 단위 변화로 추정한 그래프([그림 3-8])를 보면 여름철엔 북극에서 얼음이 완전히 사라지게 된다. 결국 조만간 얼음 없는ice-free 북극이 현실화하며 [IPCC]는 2050년 이전 최소 한 번은 얼음 없는 북극의 여름을 볼 수 있을 것으로 예상했다.[36] 기후변화는 북극해의 얼음을 녹이면

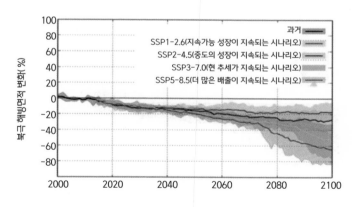

그림 3-7. 시나리오별 북극 해빙 평균 면적의 변화
ⓒ 국립기상과학원

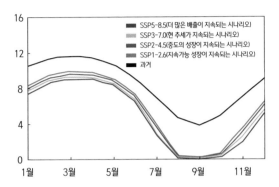

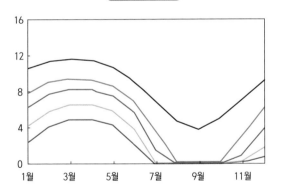

그림 3-8. 시나리오별 북극 해빙면적의 월 변화(단위: X10⁶km²)
© 국립기상과학원

서 북극 생태계에 큰 변화를 가져오고 있으며, 북극의 깨어진 균형은 되먹임 효과에 따라 더욱 빠르게 악화하는 중이다. 최근 매년 여름마다 맞이하는 폭염은 되먹임과 악화의 속도가 우리 예상을 쉽게 넘어설 수 있음을 시사한다.

머지않은 미래에 북극에서 얼음이 사라지는 사태가 사실상 확정적이기에 우리는 지구온난화 속도를 늦추기 위한 노력과 함께, 불행하게도 북극의 얼음이 소멸된 시대를 대비해야 한다. 결국 앞으로 매년 여름마다 올해가 앞으로 다가올 여름 중에서 가장 시원한 여름이란 말을 하게 될 것이다.

1   Artic Report Card 2023. NOAA 홈페이지

2   Artic Report Card 2023. NOAA 홈페이지

3   Nature(2019), 'Arctic amplification is caused by sea-ice loss under increasing CO_2'

4   Nature(2019), 'Arctic amplification is caused by sea-ice loss under increasing CO_2'

5   Copernicus 홈페이지, Arctic temperatures

6   NOAA 홈페이지, Arctic Report Card

7   WMO 홈페이지(2021), 'WMO recognizes new Arctic temperature record of 38^0C'

8   WMO 홈페이지(2020), June sees more global heat, especially in Arctic Siberia

9   WMO 홈페이지(2021), Updated 30-year reference period reflects changing climate

10   NOAA 홈페이지, Arctic Report Card

11   NOAA 홈페이지, Arctic Report Card

12   NASA, Annual Arctic sea ice minimum 1979-2021 with area graph

13   NASA, Annual Arctic sea ice minimum 1979-2021 with area graph

14   KOSIS 국가통계포털, 대한민국의 면적

15   NOAA, The Role of Ice in the Ocean

16   NOAA, Arctic Sea Ice Age

17   NOAA, How does sea ice affect global climate?

18   NASA, Weekly Arctic Sea Ice Age with Graph of Ice Age By Area: 1984 - 2019

19   NOAA 홈페이지, Arctic Report Card

20   NOAA 홈페이지, Arctic Report Card

21   기상청 홈페이지, 기후변화감시용어집 해설

22   기후되먹임, 기상청 기후정보포털 〉 기후용어사전(climate.go.kr)

23   알베도, 기상청

24 Somerville, R., H. Le Treut, U. Cubasch, Y. Ding, C. Mauritzen, A. Mokssit, T. Peterson and M. Prather, 2007: Historical Overview of Climate Change. In: Climate Change 2007: The Physical Science Basis. Contribution of Working Group I to the Fourth Assessment Report of the Intergovernmental Panel on Climate Change [Solomon, S., D. Qin, M. Manning, Z. Chen, M. Marquis, K.B. Averyt, M. Tignor and H.L. Miller(eds.)]. Cambridge University Press, Cambridge, United Kingdom and New York, NY, USA

25 '이해하기 쉬운 기상 지식' 일반기상학 36. 기후시스템되먹임과 상호작용, 기상기후인재개발원, https://youtu.be/mFZ9JWGCQn8

26 기술요약보고서, 2001, [IPCC] [IPCC]TAR_TS.hwp

27 '영구동토층이란 무엇이며 이것은 기후변화와 어떤 관련이 있는가?', 국립기상과학원

28 IPCC(2021), SIXTH ASSESSMENT REPORT

29 국립기상과학원(2020), 전지구 기후변화 전망보고서: 미래 시나리오 4종에 따른 기후변화 전망

30 기상청 기후정보포털

31 기상청 기후정보포털

32 국가 기후위기 적응 정보포털

33 기상청 기후정보포털

34 Vox(2021), What's the worst that could happen?, https://www.vox.com/22620706 /climate-change-IPCC-report-2021-ssp-scenario-future-warming

35 국립기상과학원(2020), 전지구 기후변화 전망보고서: 미래 시나리오 4종에 따른 기후변화 전망

36 IPCC(2021), SIXTH ASSESSMENT REPORT

CHAPTER

04

전문가들
너도 나도 "무섭다"

북극 얼음 소멸이 가져올 전 지구적 기후변화

북극권은 북위 66.5℃를 연결한 북극선 위쪽 지역을 말한다. 하지(夏至) 때 태양이 지지 않는 백야(白夜) 현상과 동지(冬至) 때 태양이 뜨지 않는 극야(極夜) 현상이 북극권에서 목격된다. 둘레가 1만 6,000km에 달하는 북극권은 미국, 러시아 등 8개 국 영토와 영해에 걸쳐 있는 광대한 지역이다.

　　북극은 전 세계 기후에 막대한 영향을 미친다. 해수면 상승으로 인한 침수, 홍수, 태풍, 가뭄, 폭염 등 이상기후의 발원지를 따라가다 보면 결국 북극 기후변화에 당도하게 된다. 전문가들이 북극이 기후위기를 경고하는 '탄광 속 카나리아'라고 입을 모으는 이유다.

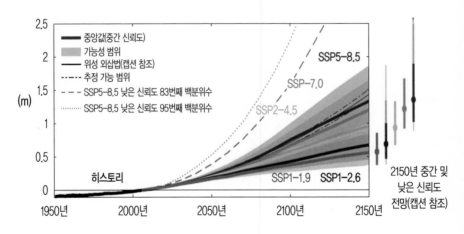

그림 4-1. 기후변화 시나리오(SSP)에 따른 해수면 변화 예측 분석
© IPCC

2050년까지 북극 얼음이 사라진다면

2000년대 이후 북극의 온도는 급격하게 상승하고 있다. 미국 [로스앨러모스 국립연구소Los Alamos National Laboratory] 연구팀이 학술 지《지구물리학연구회보》에 발표한 논문에 따르면 지난 20년 북 극의 온난화 속도는 전 지구온난화 평균의 4배를 초과한 것으로 나타났다.[1] 미국 [해양대기청NOAA]이 2006년 이래로 매년 발표하 는 '북극성적표'보다 온난화 속도를 더 빠르게 추산했다.

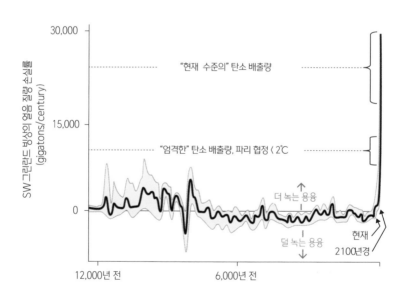

그림 4-2. 1만 2,000년 전부터 2100년까지
그린란드 빙상 손실 비율을 예측한 시뮬레이션 분석
ⓒ 미국 버팔로대 제이슨 브리너 교수

미국 버팔로 대학 제이슨 브리너 교수가 해양학회 저널《오션 그래피》에 게재한 연구에 따르면 2000년대 이후 매년 그린란드 빙상이 녹은 양은 산업화 이전에 비해 약 1,000억 톤 증가했다. 21세기 빙상 손실 시뮬레이션을 돌린 결과 그린란드 남서부에서만 최소 8조 8,000억 톤에서 최대 35조 9,000억 톤의 빙상이 사라질 것으로 예측됐다.[2]

그린란드 빙상의 감소는 해수면 상승으로 이어진다. [IPCC]의 〈제1실무그룹 보고서〉는 해수면을 상승시키는 주요한 원인으로 빙하와 빙상 손실을 꼽았다. 그린란드 빙상이 녹으면서 해수면은 지속적으로 높아져 2100년까지 최소 0.28m에서 최대 1.01m까지 상승할 것으로 보인다.[3]

저지대 섬과 해안 도시는 수 세기 내 지도에서 사라질 운명에 처했다. 현재 세계 인구의 약 10%가 해발 10m 미만 해안 지역에 거주하며, 2050년에는 이 수치가 10억 명을 넘는다. [IPCC]가 발간한 〈해양 및 빙권 특별보고서〉에 따르면 해수면 상승은 이미 저지대 주변에 홍수와 해안 침식 위협을 일으키고 있다. 해수면 상승은 해안 개발 가속화와 맞물려 2100년까지 연간 홍수 피해 규모를 2~3배 증가시킬 것이라는 우울한 전망이 나온다.[4]

해수면 상승으로 침수 위험이 가장 큰 곳은 몰디브, 투발루와 같은 대양의 도서 국가들이다. 국토 평균 해발고도가 1m 안팎에 불과한 몰디브는 해수면 상승, 홍수와 같은 기후위기에 극도로 취약하다. 몰디브의 1,190개 산호섬 가운데 80% 이상이 해발 1m

미만에 자리한다. 지구온난화로 해수면이 매년 0.8~1.6mm 상승한다면, 2100년까지 국토의 약 80%가 수몰될 것으로 보인다. 해수면이 1m 상승하게 되면 몰디브 섬들의 85%가 바다에 잠길 것이라는 우려가 나온다.[5]

태평양 섬나라들도 해수면 상승으로 생존을 위협받고 있다. 영국 일간지 《가디언Guardian》에 따르면 남태평양 섬나라 키리바시는 2020년 해수면 상승에 대비해 자국 내 섬들을 해수면 위로 들어 올릴 계획을 세웠다.[6] 키리바시는 해수면이 91cm 상승하면 국토 3분의 2가 바닷속으로 사라지게 된다.[7] 한때 2,000km 떨어진 이웃나라 피지 섬으로 대규모 이주를 준비하기도 했다. 기후위기로 최근 확산하고 있는 '기후난민' 문제가 키리바시 사람들에게는 조금 일찍 찾아온 미래였다.

이론상 해빙이 녹는다고 해수면이 상승하진 않는다. 바다에 떠 있는 해빙은 해수면 상승에 물리적인 영향을 미치지 않기 때문이다. 하지만 그린란드와 남극대륙과 같은 육지 위의 얼음, 즉 육빙이 녹게 되면 해수면을 높일뿐 아니라 바닷물 온도 및 염분 농도의 변화를 가져온다. 지구에너지 평형과 물 순환 과정에 영향을 미쳐 결과적으로 기후 생태계 변화를 초래한다.[8]

육빙 손실은 해양에 영향을 미치는 것과 함께 담수 부족을 야기한다. [IPCC]가 발간한 〈해양 및 빙권 특별보고서〉에서 과학자들은 전 세계 곳곳이 이미 '피크 워터Peak Water'에 도달한 상태라고 분석했다. '피크 워터'는 사용 가능한 물의 소비 속도가 보충 속도

를 앞지르는 시점을 가리킨다. 빙하가 줄어 들면 그에 따른 인간
세계에 대한 담수 공급량이 감소한다. 스위스 네팔 등의 빙하는
강우와 함께 인간세계의 중요한 담수 공급원이기 때문이다. 빙하
에서 유출돼 공급하는 물이 점점 줄어들어 전 세계가 곧 피크 워
터를 마주하게 될 것이란 설명이다.[9]

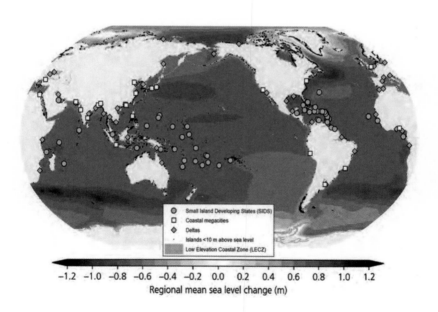

그림 4-3. 해수면 상승으로 위험에 처한 저지대 섬 및 해안 지역 분포도
© IPCC

이미 최악의 경로에 들어섰을 수도

[해빙모델 교차비교 프로젝트SIMIP, Sea-Ice Model Intercomparison Project] 연구진이 2021년 4월 학술지《지구물리학연구회보Geophysical Research Letters》에 발표한 논문에서 [IPCC]가 제시한 모든 시나리오를 들여다본 결과, 대부분의 시뮬레이션에서 2050년 이전에 북극에서 9월의 해빙이 없어지는 것으로 나타났다.[10]

'북극 최후의 빙하'가 무너지고 있다는 분석이 나온다. 북극 얼음은 대개 여름철에 녹고 겨울철에 다시 어는데, 그린란드 북쪽 빙하는 여름철에도 잘 녹지 않는다. 《가디언》에 따르면 2018년 북극에서 가장 오래되고 두꺼운 그린란드 북쪽 빙하가 붕괴하기 시작했다. 1970년 관측을 시작한 이래 처음 있는 일이다. 기상학자들은 최후의 빙하가 붕괴하기 시작한 데 대해 "무섭다"고 표현했다.[11]

북극 얼음이 사라지면 극단적 이상기후가 일상화할 수 있다. 극지방의 찬공기를 가두는 제트기류에 이상이 생기기 때문이다. 얼음이 녹으며 따뜻해진 북극의 공기가 제트기류를 교란하면 미국 [해양대기청NOAA]의 그래픽 자료([그림 4-4])에서 보듯 제트기류가 느슨해져 출렁거리게 된다. 이 출렁거림 때문에 따뜻한 공기가 북극으로 올라가고, 차가운 공기가 남쪽으로 내려올 기회를 얻게 된다. 겨울철 중위도권에서 기록적인 한파가 나타나는 이유다.[12]

제트기류 교란은 한반도에도 극심한 이상한파를 가져온다. 제트기류는 북극의 찬 공기와 남쪽의 따뜻한 공기의 기압 차로 유지되는데, 지구온난화로 기압 차가 줄어들면서 제트기류가 늘어져 차가운 공기가 한반도까지 내려오게 된다. [국립기상과학원]은 "북극의 고온화 현상으로 인한 제트기류 변화로 북극의 찬 공기가 늘어진 제트기류의 띠를 타고 남하해 한반도에서 강추위를 일으킬 수 있다"라고 설명했다.[13] [극지연구소] 김백민 책임연구원이 2016년 한국기상학회에 발표한 논문에 따르면 실제로 북극 해빙 면적 감소가 동아시아와 북아메리카 기후 변동성에 큰 영향을 주는 것으로 밝혀졌다. 유럽과 인접한 바렌츠해와 카라해의 겨울철

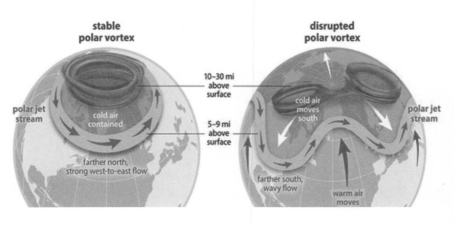

그림 4-4. 북극증폭 현상에 따른 제트기류의 변화
ⓒ 미국해양대기청

해빙 면적이 평년에 비해 작을 때, 한반도에는 한파와 폭설이 자주 관측됐다.[14]

약해진 제트기류로 뜨거운 공기가 유입된 일부 지역에는 폭염이 발생한다. 미국 컬럼비아 대학 [지구연구소] 카이 콘허버 교수가 2019년 국제 온라인 출판지 《아이오피 사이언스》에 게재한 논문에 따르면 북극 제트기류 변화로 서유럽, 북아메리카, 카스피해 등에서 극단적인 열파와 강우가 발생하는 것으로 나타났다.[15] 제트기류 교란의 후과를 정확하게 예측하기 어려운 것도 이 사태의 난점이다.

북극 얼음 소멸은 기후재앙을 초래할 수 있다

북극 해빙의 감소가 해양 순환 시스템을 약화한다는 연구결과가 있다. 북극의 얼음이 녹으면 멕시코만의 따뜻한 물을 북대서양으로 전달하는 해류 순환 체계인 '대서양 자오선 역전순환AMOC, Atlantic Meridional Overturning Circulation'이 교란된다. 독일 [포츠담 기후영향연구소PIK, Potsdam Institute for Climate Impact Research] 연구팀이 2018년 《네이처》에 게재한 논문에 따르면 20세기 중반 이후 AMOC가 약 15% 느려진 것으로 관측됐다.[16] 연구팀은 AMOC 기능이 1,600년 만에 가장 약해졌다고 분석했다.

초당 유량이 7,400만~9,300만 톤에 이르는 세계 최대 해류인 멕시코 만류와 멕시코 만류의 연장된 갈래인 북대서양 해류가

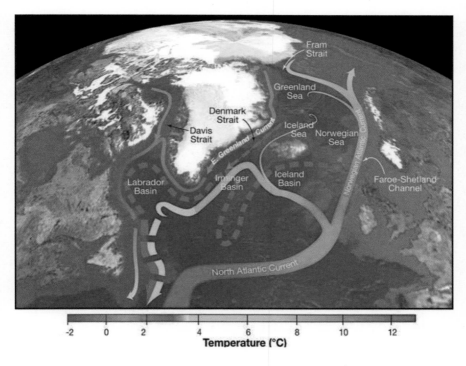

그림 4-5. AMOC 흐름
© R. Curry

대서양 적도 인근의 따뜻한 바닷물을 북쪽으로 끌고가는 현상은
AMOC 때문인데, 이것은 염분이 바닷물을 순환하도록 만드는 '열
염순환'과 대기 작용에 의해 나타난다. 열대에서 수증기를 증발시
켜 염도가 높아진 상태로 북쪽으로 올라간 해류는 고위도로 올라
갈수록 낮아지는 기온 때문에 해수면과 대기의 온도차가 커져서
더 많이 증발하게 된다. 이 과정에서 물 분자만 증발하므로 표층
해수의 염분 농도가 상승한다. 더불어 북위 60° 이상의 대서양에서

해빙이 생성되는 것도 염분 농도를 높이는 다른 원인이 된다. 얼음이 만들어지면서 물만 얼릴뿐 해빙이 염분을 가져가지 않아 얼지 않은 바닷물은 그만큼 염도가 높아진다.

표층 해수가 이처럼 염도가 높아져 무거워지고 차가운 대기 탓에 냉각되어 가라앉는다. 한류가 심해에 가라앉으며 바다에 용해된 이산화탄소도 함께 격리된다. 그린란드 해역에서 밀도가 높은 바닷물이 초당 2,000만 톤의 속도로 해저 4,000m로 가라앉는 이 침강류는 심해에서 다시 이동한다. 이러한 구조의 AMOC는 대서양뿐 아니라 북반구의 대기-해양 열 운반에서 25%를 차지하므로 지구 기후 시스템의 중요한 요소다.

네덜란드 흐로닝언 대학과 위트레흐트 대학 연구팀의 2019년 시뮬레이션에도 AMOC가 20세기 중반 이후 약 15% 느려졌다. 연구팀은 열염순환의 대표적 현상인 북대서양 해류가 완전히 소멸하지는 않을 것이라면서도 향후 100년 이내에 일시적으로 중단될 가능성이 있다고 전망했다.

더 극단적인 전망도 있다. 덴마크 코펜하겐 대학 기후모형학과의 페테르 디틀레우센 교수와 수사네 디틀레우센 교수는 2023년 7월 국제학술지 《네이처 커뮤니케이션스》에 발표한 〈대서양 자오선 역전 순환류의 다가올 붕괴 경고〉란 제목의 논문에서 빠르면 2025년에 멈출 수도 있다고 경고했다. 연구팀은 1870~2020년 북대서양 해수면 온도와 해류 흐름을 관측한 결과, 현재 수준으로 온실가스 배출이 계속되면 늦어도 2095년, 이르면 2025년에

AMOC 흐름이 멈출 것으로 전망했다. 여러 기간 중 AMOC 흐름이 완전 중단될 가능성이 높은 시점은 2039~2070년 사이로 제시됐다.

AMOC 속도가 느려진 이유로는 당연히 기후변화가 거론된다. 그린란드 빙하가 녹으면서 바다로 유입되는 담수가 증가했고, 대서양 상공의 강우량이 함께 증가했기 때문이란 분석이 해양학자 사이에서 제기되고 있다. 정확한 인과관계는 연구 중이지만 대서양 해류가 담수 유입에 민감하다는 사실에는 이견이 없다.

실제로 1만 3,000년 전에 현재 우려하는 기제로 소빙하기가 발생했다. 빙하가 바닷가 쪽 출구를 가로막은 북미 지역 북동쪽의 커다란 담수호에서 기온 상승으로 출구를 막은 빙하가 녹으면서 육상에 있던 막대한 민물이 북대서양으로 한꺼번에 쏟아져 들어갔다. 바닷물의 밀도가 갑자기 낮아지면서 해수 흐름이 막히고 빙하기가 왔고, 이 소빙하기는 1,000년 동안 지속됐다. 당시 10년 만에 지구 전체 기온이 10~15℃ 변한 것으로 추정된다. 영화 〈투모로우〉에서 다룬 내용이기도 하다.[17]

지구온난화에 따른 북대서양의 해류 속도의 저하는 전 세계 기후와 기상에 위협 요소다. 북대서양의 해류 흐름이 표층과 심층의 갈래로 인도양과 태평양에까지 이르기 때문이다. 대서양에서 세계 모든 바다로 이동하는 거대한 열염순환 해류를 대양 대순환 해류(大洋大循環海流)Oceanic Conveyor Belt라고 부른다.

해류의 대양 대순환에 따라 멕시코 만류가 북극해로 올라가 유

그림 4-6. 알래스카 루스 빙하 및 툰드라 지역
© Pixabay

럽과 북극 지역이 너무 춥지 않고, 태평양으로 들어간 차가운 해류는 적도 부근의 기온이 너무 뜨겁지 않도록 조절하는 역할을 한다. 최근에는 지구온난화로 극지방의 빙하가 민물로 바다에 유입돼 북극해 바닷물의 밀도가 낮아지고 침강류가 줄어들게 되어 해류가 계속 약화하는 추세다. 기후학자 및 해양학자들은 대양 대순환 해류의 약화가 지구 기후에 엄청난 악영향을 미칠 것으로 우려한다. AMOC 붕괴가 대서양을 넘어 전 지구적 규모의 기후재앙을 가져올 수 있음을 시사한다.[18]

실제로 유럽은 폭풍우에 시달리고, 아프리카 사헬 지역은 가뭄으로 시름이 깊어지고 있다.[19] 또한 아마존이 빠르게 메마르고, 강

우를 동반하는 계절풍인 동아시아 몬순이 교란되고, 남극의 얼음 손실마저 가속화할 수 있다. [20]

디틀레우센 교수는 [CNN]과 인터뷰에서 "무섭다"면서도 "(AMOC 붕괴에) 강력한 확신이 있다"라고 말했다. 멕시코 만류 등 AMOC가 붕괴하면, 열 전달에 차질을 빚어 유럽에는 극한 겨울이 찾아오고, 미국 동부 해수면은 상승하게 된다. 인도·남미·서아프리카 일대에는 가뭄이 심각해진다. AMOC 붕괴는 기후변화 국면에서 핵심적인 '티핑 포인트Tipping Point'로 꼽힌다.

영구동토층이라는 시한폭탄

북극 빙하와 함께 툰드라가 녹으며 기후위기가 가속화한다. 툰드라는 북극해 연안의 영구동토층 일대를 가리킨다. 미국 노던 애리조나 대학 연구진이 2020년《네이처 커뮤니케이션즈》에 발표한 논문에서 위성사진에 바탕을 두고 툰드라 지역을 분석한 결과, 1985년부터 2016년까지 툰드라 지역의 약 38%가 갈색에서 녹색으로 변화한 것으로 나타났다.[21] 툰드라가 녹으면 동토층 안에 갇혀 있던 이산화탄소와 메탄 등 온실가스가 배출된다. 온난화가 가속화되는 것이다.

이러한 기후위기에 대응하고자 세계 195개국은 2015년 [유엔 기후변화협약UNFCCC, United Nations Framework Convention on Climate Change] 당사국 총회에서 「파리기후협정」을 체결하여 지구표면의 평균온도의 상승 폭을 산업화 이전 대비 2℃ 미만으로 유지하고, 가급적 1.5℃ 미만으로 제한하자고 합의했다. 2018년의 〈지구온난화 1.5℃ 특별보고서〉를 통해서는 1.5℃를 목표로 공식화했다.

지구온난화로 현재보다 기온 상승 속도가 빨라지게 되면 최악의 시나리오 역시 불가피하다. 환경운동가 마크 라이너스는 자신의 저서 《최종 경고: 6도의 멸종Our Final Warning: Six Degrees of Climate Emergency》에서 지구 기온이 5℃ 상승하게 되면 북극과 남극의 빙하가 모두 사라지고, 해수면 상승으로 해안 도시들이 모두 가라앉고, 대륙 깊숙한 곳마저 모조리 침수될 것이라고 설명한다. 간신히 살아남은 사람들 사이에서는 식량과 물을 확보하려는 '만인에 대한 만인의 투쟁'이 벌어진다.[22]

북극 얼음이 사라지는 시기가 2050년보다 당겨질 수 있다는 예측마저 나온다. 영국 [남극자연환경연구소BAS, British Antarctic Survey]는 2020년 《네이처 기후변화》에 게재한 논문에서 13만~11만 6,000년 전 마지막 간빙기LIG, Last Inter Glacial를 추적한 결과 2035년 여름에 북극 해빙이 소멸할 수 있다고 전망했다.[23] 소멸 시기를 2050년으로 잡은 기존의 시나리오들보다 15년이나 빠른 셈이다.

1 Petr Chylek et al. (2022). Annual Mean Arctic Amplification 1970 - 2020: Observed and Simulated by CMIP6 Climate Models. Geophysical Research Letters Volume 49, Issue 13

2 Briner, J. (2022). Greenland ice loss rate: How this century compares to the Holocene. Oceanography

3 IPCC. 2021: Summary for Policymakers. In: Climate Change 2021: The Physical Science Basis. Contribution of Working Group I to the Sixth Assessment Report of the Intergovernmental Panel on Climate Change [Masson-Delmotte, V. P. Zhai, A. Pirani, S.L. Connors, C. Péan, S. Berger, N. Caud, Y. Chen, L. Goldfarb, M.I. Gomis, M. Huang, K. Leitzell, E. Lonnoy, J.B.R. Matthews, T.K. Maycock, T. Waterfield, O. Yelekçi, R. Yu, and B. Zhou (eds.)]. In Press

4 IPCC. (2022). The Ocean and Cryosphere in a Changing Climate: Special Report of the Intergovernmental Panel on Climate Change. Cambridge: Cambridge University Press. doi:10.1017/9781009157964

5 Owen Mulhern. (2020). "Sea Level Rise Projection Map". earth.org

6 Chrisopher Pala. (2020). 'Kiribati's president's plans to raise islands in fight against sea-level rise'. The Guardiane

7 이후림. (2022). '해수면 상승으로 사라질 위기에 처한 국가와 도시는?'. 뉴스펭귄

8 안영인. (2014). '[취재파일] 온난화, 남극 해빙(Sea Ice)이 늘어난다'. SBS뉴스

9 IPCC. (2022). The Ocean and Cryosphere in a Changing Climate: Special Report of the Intergovernmental Panel on Climate Change. Cambridge: Cambridge University Press. doi:10.1017/9781009157964

10 SIMIP Community. (2020). Supporting Information for "Arctic Sea Ice in CMIP6". Geophysical Research Letters Volume 47, Issue 10

11 Jonathan Watts. (2018). "Arctic's strongest sea ice breaks up for first time on record". The Guardian

12 조천호. (2019). "북극에서 일어나는 일은 북극에만 머무르지 않는다". 한겨레

13 국립기상과학원 홈페이지. http://www.nims.go.kr/?sub_num=850

14 김백민 외. (2016). 북극 해빙면적 감소와 동아시아 폭염 발생 관련성에 관하여. 한국기상학회 학술대회 논문집

15 Kai Kornhuber et al. (2019). Extreme weather events in early summer 2018 connected by a recurrent hemispheric wave-7 pattern. Environmental Research Letters, Volume 14, Number 5

16 오철우. (2021). "'북극 얼음 걱정' 해수면이 다가 아니다". 한겨레

17 반기성. (2023.8.22). 영화 '투모로우;현실화? AMOC 멕시코만류 붕괴, YTN 사이언스

18 Bryam Orihuela-Pinto. (2022). Interbasin and interhemispheric impacts of a collapsed Atlantic Overturning Circulation. Nature Climate Change volume 12

19 L. Caesar et al. (2018). Observed fingerprint of a weakening Atlantic Ocean overturning circulation. Nature volume 556

20 심재율. (2019). '지구온난화 비상 사태 선포해야 할까'. 사이언스타임즈

21 Logan T. Berner et al. (2020). Summer warming explains widespread but not uniform greening in the Arctic tundra biome. Nature Communications volume 11

22 마크 라이너스. (2014). 최종 경고: 6도의 멸종. 세종서적

23 Maria-Vittoria Guarino et al. (2020). Sea-ice-free Arctic during the Last Interglacial supports fast future loss. Nature Climate Change volume 10

CHAPTER

05

불쌍한 북극곰
이렇게 죽어간다

북극곰 멸종 시나리오

2016년 추산으로 북극에 살고 있는 북극곰은 2만 6,000마리 다.[1] 북극해에서 얼음이 사라지는 것이 기정사실이어서 21세기 내 내 우리는 이 2만 6,000마리 북극곰과 그 후손의 익사와 아사, 그 리고 멸종을 지켜보아야 한다.

해빙 시점이 점점 더 빨라지고, 얼음이 다시 어는 시점이 늦어 지면서 북극곰이 남아 있는 얼음과 얼음 사이, 얼음과 육지 사이 를 헤엄쳐 이동하는 거리가 늘어난다. 장거리 수영이 가능한 북극 곰이지만 수영은 걷는 것보다 훨씬 더 많은 에너지를 쓰게 한다.[2]

새끼 북극곰에겐 더 큰 시련이 된다. 지금보다 상황이 조금이 라도 나은 2004~2009년에 수집한 자료에 따르면 새끼를 데리고 긴 거리를 수영해 이동한 어미 북극곰 11마리 중 5마리가 새끼를 잃었다. 새끼 북극곰은 몸집이 작기 때문에 저체온증에 걸리기 쉽 고 축적해 놓은 지방이 적어 부력 부족으로 익사할 위험이 매우 크다.

게다가 수영 중에는 먹이를 먹을 수 없고 엄마를 따라가려고 많은 에너지를 사용하여 탈진하게 된다. 상대적으로 유리한 어른 북극곰이라 해도 폭풍이 몰아치면 익사할 위험이 커진다. 평소 바 닷속에서 유영할 때 북극곰은 콧구멍을 닫아 물이 폐로 들어가는 걸 막지만 어류가 아닌 이상 폭풍 속에서 무한정으로 콧구멍을 닫 고 지낼 순 없다.[3]

익사와 함께 아사 또한 북극곰이 직면한 심각한 위험이고 위험 은 나날이 커진다. 매년 여름, 얼음이 녹기 시작하면 캐나다 내해

그림 5-1. 북극곰이 장시간 수영하면 그 시간에 전혀 쉬지 못한다는 뜻이다.
ⓒ 미국지질조사국

인 허드슨만의 북극곰들은 육지 쪽으로 이동한다. 문제는 육지에 머무는 3개월 동안 북극곰의 주 먹이이자, 에너지 함량이 높은 고리무늬물범과 턱수염바다물범을 사냥할 수 없다는 사실이다.

북극곰은 에너지 소비를 최소화하기 위해 바다 얼음에 나 있는 바다표범의 원뿔 모양 숨구멍 위에서 몇 시간이고 기다리는 사냥 전술을 쓴다. 바다표범이 숨을 쉬기 위해 숨구멍의 수면 위로 떠 오르면 북극곰은 뒷다리로 선 채로 앞발로 바다표범의 머리를 때려 기절시킨다. 그러곤 바다표범의 목을 물어 다른 곳으로 끌고 가 먹는다. 북극곰의 이러한 사냥 전술은 다른 사냥 방법보다 효율적인 것으로 알려져 있다.

그림 5-2. 흰기러기
ⓒ 미국지질조사국

북극의 해빙(海氷)이 녹으면서 북극곰은 적절한 사냥터를 확보하지 못해 더 많이 이동하는데, 해빙(解氷) 기간이 늘어날수록 더 많이 이동하고 그럴수록 몸무게를 더 많이 잃게 된다. 그러면서 근육을 잃어 사냥에 성공할 확률이 떨어지는 악순환에 접어든다. 해빙(解氷) 기간 허드슨만의 북극곰들은 이전에 축적해 놓은 지방으로 생존한다.[4]

미국 지질조사국은 2018년 4월 알래스카와 캐나다가 북극에 면한 바다인 보퍼트해에서 9마리의 암컷 북극곰을 관찰했다. 관찰한 10일 동안 북극곰은 약 35%의 시간을 활동에 썼고 나머지 시간에 휴식했다. 북극곰은 하루에 1만 2,325칼로리를 소모했는

데, 상당 부분이 축적한 체내 지방에서 나왔다. 이전 연구의 예상보다 약 60% 더 많은 열량 소모이며 그 사이 체중이 10% 이상 줄었다. 관찰 대상 9마리 중 4마리가 바다표범을 한 마리도 잡지 못했기 때문이다.[5]

해빙(海氷)이 불안정해 육지로 이동한 북극곰은 바다표범을 사냥할 기회가 거의 없어 더 굶주린다. 이때 몇몇 북극곰은 새의 알과 베리 같은 육지의 음식을 먹는다. 흰기러기를 비롯한 철새들은 5월 말경에 북극의 번식지에 도착해 8월까지 둥지를 틀고 알을 낳는다. 여름이 끝나가는 이 무렵은 북극곰이 바다 얼음을 벗어나 육지에 도착할 가능성이 높은 시기다.

알에서 절반 정도 자라거나 부화에 가까운 알은 북극곰이 허기를 면하기 위해 취하는 육지 음식이지만 생존에 큰 도움이 되지 않는다. 보통 흰기러기 둥지에는 4~5개의 알이 있고 한 개의 알은 일반적인 계란의 두 배 크기이며 칼로리가 4~5배 높다. 북극곰이 바다표범 한 마리만큼의 칼로리를 섭취하기 위해서는 약 88개의 흰기러기알을 구해야 하는데, 쉬운 일이 아니다.

바다 얼음이 계속해서 녹는다면 북극에서 북극곰의 익사와 아사의 확률이 높아지는 것과 함께 흰기러기 같은 철새의 번식도 난관에 봉착한다. 얼음이 녹아 있는 기간이 길어져 북극곰이 육지에서 더 많은 시간을 보내게 되면, 둥지 속 알이 점점 더 자주 북극곰의 표적이 될 것이기 때문이다.[6]

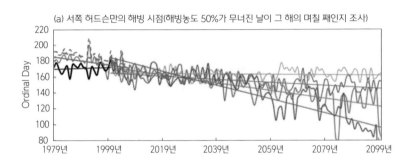 북극곰이 달아날 곳이 없다

학술지《글로벌 체인지 바이올로지》에 2013년 발표된 한 논문
은 [기후변화에 관한 정부간 협의체IPCC]의 〈배출 시나리오에 관
한 특별보고서〉를 바탕으로 허드슨만의 바다 얼음 상태를 예측
해 21세기 북극곰의 개체수에 미치는 영향을 전망했다. 온실가스

(a) 서쪽 허드슨만의 해빙 시점(해빙농도 50%가 무너진 날이 그 해의 며칠 째인지 조사)

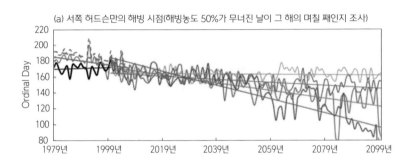

(b) 서쪽 허드슨만의 해빙 기간(얼음농도 50~10%, 단위 일)

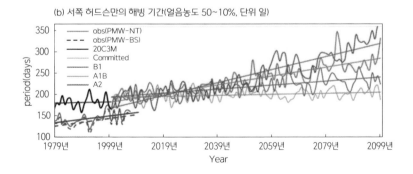

그림 5-3. 서쪽 허드슨만의 해빙 시점(a)과 해빙 기간(b) 예측 그래프
© Castro de la Guardia, L.

방출에 따른 6가지 시나리오 중 B1(저배출), A1B(중배출), A2(고배출) 시나리오가 사용되었다. 연구팀은 우선 세 시나리오에 따라 2100년까지의 허드슨만 해빙 시점, 해빙 기간, 봄의 해빙 농도를 예측했다.

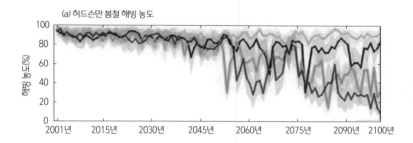

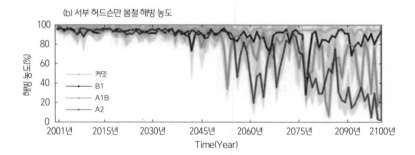

그림 5-4. 캐나다 허드슨만과 서쪽 허드슨만의 봄의 해빙 농도 예측 그래프.
© Castro de la Guardia, L.

봄의 해빙 농도는 3월 1일부터 5월 31일 사이의 해빙 농도 평균 값이다. 해빙 시점은 서쪽 허드슨만의 해빙 농도가 50% 이상을 기록한 마지막 날이다. 해빙 기간은 허드 슨만의 해빙이 녹기 시작하는 시점과 해빙이 다시 얼기 시작하는 시점(바닷물의 얼음 농도가 10%를 통과하는 시점) 사이를 의미한다. 해빙 농도 50%와 10%는 각각 북극 곰이 육지와 바다로 이동하는 시기와 관련이 있다.

온실가스 배출 수준이 2000년과 같은 수준으로 2100년까지 유지되는 시나리오와 비교했을 때 2090년부터 2099년까지 해빙 기간은 B1 시나리오에서 약 4.5(±2.5)주 더 길어지는 것으로 예측된다. A1B 시나리오에서는 10.2(±4.4)주, A2 시나리오는 18.7(±3.2)주 더 지속된다. 마찬가지로 해빙 시점은 기준 시나리오보다 B1 시나리오에서 2.5(±1.9)주, A1B 시나리오에서 3.9(±2.1)주, A2 시나리오에서 10.2(±1.0)주 더 앞당겨질 것으로 예측됐다.

A2 시나리오에서 2060년 이후, A1B 시나리오에서 2080년 이후 급격하게 감소하기 시작하는 해빙 농도는 북극곰의 사냥 성공률을 낮추고 육지로 이동해 있는 동안의 영양결핍에 의한 스트레스를 높인다. 북극곰은 해빙의 농도가 50% 이하가 되면 사냥이 어렵기 때문에 육지로 이동한다. A1B와 A2 시나리오에서 2100년에 근접할수록 서쪽 허드슨만에서 봄에 북극곰이 살아갈 해빙이 거의 사라진다. 봄의 북극 바다에 얼음이 존재하지 않으면 북극곰은 멸종의 길에 접어들 수밖에 없다.

1987~2004년 서쪽 허드슨만 북극곰 개체수가 약 22% 감소했는데 그 시기에 해빙 기간은 약 2주 길어졌고 해빙 시점은 약 5~10일 빨라졌을 뿐이다. 만약 A1B 또는 A2 시나리오가 실현된다면 2100년이 되기 전에 서쪽 허드슨만에서 북극곰을 볼 수 없게 된다.[7]

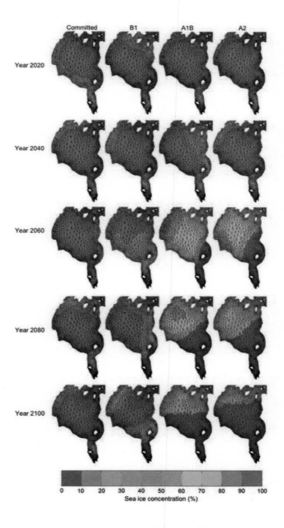

그림 5-5. 허드슨만 봄의 바다 얼음 농도 예측 그래픽.
붉을수록 얼음 농도가 높고, 푸를수록 농도가 낮다.
짙은 파란색은 얼음이 완전히 사라진 바다를 뜻한다
© Castro de la Guardia, L.

북극곰 새끼를 죽이는 온실가스 확인

2008년 미국에서 북극곰이 「멸종위기종법ESA, Endangered Species Act」 규정에 따른 멸종위기종의 지위를 부여 받았다. 미국에서 지구온난화를 사유로 멸종위기종에 등재된 생명종은 북극곰이 처음이다. 하지만 북극곰을 멸종 위기로 몰고가는 위협 요소들은 제거되지 않았다. 「멸종위기종법」에 따라 관련 조치를 해야 할 미국 정부가 북극곰 보호를 명분으로 기업 등에게 지구온난화를 일으키는 온실가스 배출을 규제하려면 더 명확한 근거가 필요하다는 태도를 취했기 때문이다.

미국 내무부는 북극곰의 생존에 위협이 되는 요인에서, 이미 전 세계가 배출해 누적한 온실가스의 영향과 앞으로 배출할 온실가스의 영향을 구분할 것을 요구했다. 과학계는 온실가스가 북극의 얼음을 녹여 북극곰의 생존을 위협하는 사실은 인정하지만, 특정한 활동에서 배출되는 온실가스의 위협을 과거부터 배출해 누적된 온실가스의 위협으로부터 구분해 제시하지는 못했다.

「멸종위기종법」의 이 같은 허점을 극복하기 위한 노력으로, 미국 워싱턴대와 와이오밍대, 북극곰 보호 단체인 [폴라베어 인터내셔널] 공동 연구팀은 누적 온실가스 배출량에 대한 북극곰의 생태적 민감도를 정량화해 2023년 8월 발표했다. 사냥터인 바다에 얼음이 없는 날, 북극곰의 강제단식기간(북극곰이 먹이를 먹지 못해 굶는 날), 북극곰 개체수 변화 등과 누적 온실가스 배출량 사이의 상관관계를 조사한 것이다. 러시아와 알래스카 사이에 위치한 축치해Chukchi Sea 15곳을 연구한 결과, 이곳에 서식하는 북극곰이 먹이활동을 못 해 굶는 날은 1979년에는 약 12일이었으나, 2020년에는 약 137일로 11배 이상으로 길어졌다. 축치해의 대기 중으로 온실가스가 누적해 140억 톤, 바렌츠해(노르웨이와 러시아가 공유하는 북극해의 바다)로는 160억 톤이 유입될 때마다 북극곰이 굶어야 하는 날이 하루씩 늘어나는 것으로 분석됐다.

또한 연구는 개별 활동에서 발생하는 온실가스 배출량뿐 아니라 누적 온실가스의 영향을 파악했다. 1979년부터 2020년까지 누적 온실가스 배출량과 '북극곰의 리쿠르트먼트Recruitment(어미 북극곰이 새끼를 낳아 독립할 수 있을 때까지 키울 수 있는 능력) 비율'을 조사한 결과, 누적 온실가스 배출량은 리쿠르트먼트 비율에 영향을

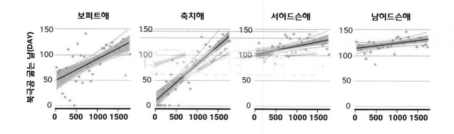

그림 5-6. 누적 온실가스 배출량은 북극곰이 굶는 날을 늘렸다.
ⓒ 폴라베어 인터내셔널 등

준 것으로 확인되었다. 이에 따라 2020~2050년 미국 공공 토지 영역의 활동에서 발생할 것으로 예상되는 241억 톤의 온실가스는 서허드슨해와 축치해에서 북극곰의 리쿠르트먼트 비율을 각각 0.6%, 2.7% 감소시킬 것으로 예상된다. 마찬가지로, 같은 기간 수백 개에 달하는 미국의 발전소가 내뿜은 누적 온실가스 600억 톤은 보퍼트해 북극곰 리쿠르트먼트 비율을 4%까지 감소시킬 수 있다.

북극곰 국제 명예 수석 과학자이자 보고서 주 저자인 스티븐 암스트럽 박사는 "이번 연구결과가 북극곰을 넘어 다른 생태계 및 생명종에도 광범위하게 적용할 수 있으며 전 세계 정책 입안자와 관리자가 개발 프로젝트를 평가할 때 사용할 수 있다는 의의를 가진다"라고 말했다.[8]

남극의 펭귄도 마찬가지

해빙이 감소하면서 펭귄의 개체수도 감소한다. 남극 해빙이 줄어든 기간이 길었던 1970년대 후반엔 황제펭귄의 생존율이 약 50%나 떨어졌다. 서남극 빙상과 남극 반도 전역에서 겨울의 기온이 상승하고 해빙 넓이가 감소하면서 펭귄 생존에 심각한 악영향을 미친다.

황제펭귄의 미래는 지구 온도가 얼마나 상승할지에 따라 달라진다. 한 연구에 따르면 지구표면 평균온도 상승을 1.5℃ 내로 막

그림 5-7. 엘리펀트섬에 있는 턱끈펭귄
© greenpeace

는다 해도 황제펭귄의 약 3분의 1이 사라질 것이고, 나머지 3분의 2는 준 멸종 상태에 처하게 된다. 만약 온도가 4℃ 상승하면 현재 개체수의 92%가 더 이상 존재하지 않게 된다.[9]

2020년 [그린피스] 탐험대는 남극에서 턱끈펭귄 개체수를 조사했다. 턱을 가로지르는 얇은 검은 끈 무늬로 인해 턱끈펭귄이라고 불리는 이 종은 남극에서 가장 많이 서식하는 펭귄이다.[10] 턱끈펭귄의 주요 서식지인 엘리펀트 섬에서 살아가는 32개 군집을 조사한 결과 1971년과 비교했을 때 모든 군집에서 개체수가 감소했으며 전체 개체수는 절반 아래로 떨어졌다. 특히 77%까지 개체수가 줄어든 군집이 발견되었다.[11]

2023년 스페인 [안달루시아 해양학 연구소] 울렉 벨랴예프 등의 연구에 따르면 턱끈펭귄의 먹이는 90% 이상이 크릴인데, 특이하게 이들의 서식지 주변 바닷물의 철 농도가 먼 바다보다 3,000배나 높았다. 배설물에 철이 많이 함유됐기 때문이다. 턱끈펭귄이 배설물로 식물성 플랑크톤에게 영양분을 공급하면 식물성 플랑크톤은 광합성을 통해 탄소를 몸에 받아들여 다른 생명체의 먹이가 되거나 바다에 가라앉는 방식으로 지구 대기에서 탄소를 흡수한다. 식물성 플랑크톤이 광합성을 하는 데에는 햇볕 외에 철과 같은 광물이 필요하다.

연구에 따르면 턱끈펭귄은 연간 521톤의 철을 배설물 형태로 바다에 내보내 식물성 플랑크톤의 양분으로 제공한다. 수염고래가 배설물로 바다에 돌려주는 철 공급량의 절반에 가깝다. 남극에서 배설로 식물성 플랑크톤에게 가장 많은 철을 주는 동물은 크릴로 연간 180만 톤에 달한다. 크릴이 배설한 배설물 속의 철을 먹고 광합성을 통해 번식한 식물성 플랑크톤은 탄소를 자신의 몸 안으로 축적하면서 크릴과 다른 동물성 플랑크톤의 먹이가 되고 일부는 탄소를 몸에 지닌 채 바다 밑으로 가라앉는다.

연구자들은 턱끈펭귄뿐 아니라 아델리펭귄 등 다른 펭귄도 이러한 철의 재활용에 기여하는지 조사할 필요가 있다고 말한다. 연구보다 더 큰 문제는 재활용 사이클에서 역할하는 바다 동물이 급격히 줄고 있다는 점이다.[12]

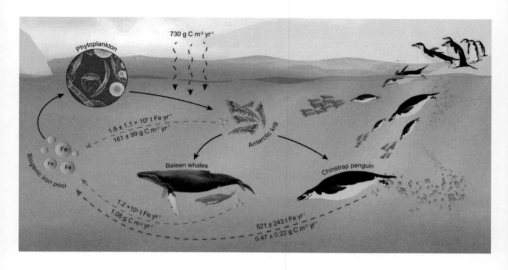

그림 5-8. 남극해의 철 순환과 탄소 흡수
© 올렉 벨랴예프(2023년)

🐻 해양 생태계 붕괴는 인간에게 되돌아온다

봄에 얼음이 녹아 생긴 차가운 극지방의 물은 식물성 플랑크톤의 완벽한 번식처가 된다. 북극이나 남극에서 기온이 내려가 바닷물이 얼면 해수면에 담수 얼음층이 생성된다. 해빙은 짠 바닷물이 언 것이지만 어는 과정에서 소금을 얼음 밖으로 밀어낸다. 따라서 해빙이 녹아 다시 바다로 돌아갈 때는 녹은 물이 담수층이 되어 염분이 많아 더 무거운 기존 바닷물 위로 떠다니게 된다. 플랑크톤 같은 미생물은 이 민물에 있는 영양소를 이용해 자라고 먹이사슬의 바탕이 된다.[13]

러시아 북쪽의 바렌츠해와 카라해에서 플랑크톤 대발생이 10년마다 위도 1°씩 북쪽으로 확장된다는 연구결과가 2018년에 발표됐다. 위성사진 등의 분석 결과에 따르면 이때 식물성 플랑크톤이 햇빛을 화학에너지로 바꾸는 비율인 순1차생산성이 2003년과 2013년 사이에 31% 상승했다.

지난 수십 년 동안 북극의 바다 얼음이 지속적으로 녹으면서 식물성 플랑크톤이 잘 자랄 수 있는 개빙 구역이 확장되고 있다. 만약 바다 얼음이 계속해서 더 녹는다면 봄의 플랑크톤 대발생은 북쪽으로 더 이동할 것이고, 1차 생산성 또한 상승할 것이다. 1차 생산성에 가장 중요한 요인은 태양에너지와 수분이기에 결국 플랑크톤 대발생이 언젠가는 북위 80°까지 확장될 것이라는 전망이다.

과학자들은 이러한 변화가 먹이사슬에 미칠 영향을 아직은 정확히 예측할 수는 없지만 생태계 전체에 급격한 결과가 초래될 것이라는 데에는 같은 의견이다. 지역 동물과 그곳에 사는 사람뿐 아니라 북극 자원에 의존하는 이동 동물의 전 세계 개체수에도 영향을 미칠 수 있다고 우려했다.[14]

생물은 먹이사슬로 이어져 있으며 이러한 관계는 생태계에서 서로 복잡하게 얽혀 있기 때문이다. 이러한 해양 생태계의 변화는 극지에 국한하지 않는다. 지구온난화로 모든 대양은 더 따뜻해지고 더 산성화한다. 식물성 플랑크톤은 해양 및 담수 먹이 그물의 기초를 이루며 세계 탄소 순환의 핵심 요소다. 전 세계 식물 바이오매스의 약 1%에 불과한데도 전 세계 광합성 활동의 약 절반과 산소 생산량의 최소 절반을 차지하는 것으로 알려져 있다. 수십 억 명의 사람이 해양 동물로부터 단백질을 섭취하고 있기에 해양 생태계의 붕괴는 당연하게 인간에게도 영향을 미친다.

대표적 식물성 플랑크톤으로 남조류라고도 하는 '남세균'은 '시아노톡신'과 같은 독성을 가지고 있다. 남세균이 단일 개체일 때는 1차 소비자인 동물성 플랑크톤이 먹을 수 있지만, 고온과 같은 유리한 환경에서 증식하여 수천, 수만 개의 단세포 세균체가 점액 물질에 싸여 뭉친 군체를 형성하게 되면 동물성 플랑크톤이 먹을 수 없게 된다. 그렇게 되면서 1차 소비자인 동물성 플랑크톤은 다른 1차 생산자를 먹게 돼 남세균이 아닌 다른 대부분의 조류는 개체수가 줄고 남세균은 더 증식한다.

남세균이 증식하면 수중의 이산화탄소를 더 소비하여 물속의 pH를 상승시킨다. 즉 더 산성이 된다. 대부분의 조류가 중성 pH에서 최적 증식이 일어나는 데 비해 남세균 즉, 남조류는 산성화한 고온 수중환경에서 증식이 더 잘되어 결과적으로 남조류가 더 많아지는 악순환이 발생한다.[15] 이에 따라 먹이사슬에서 그 다음 단계에 공급되는 먹이가 줄어들어 전체 순환구조에 교란을 일으킬 수 있다. 교란이 구체적으로 어떤 모습일지는 연구 중이지만 좋은 소식이 아닐 것 같아 걱정스럽다.

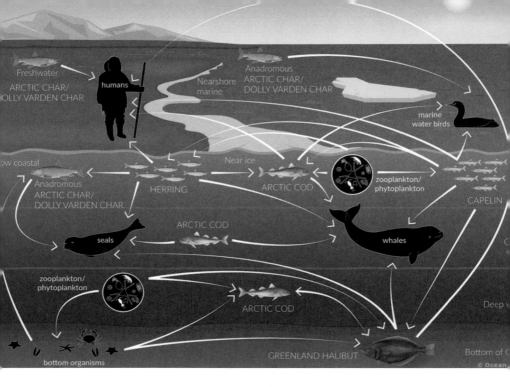

그림 5-9. 북극 해양 먹이 그물
ⓒ oceansnorth

🐻 변화하는 북극 해양 사운드스케이프

고래, 바다코끼리, 바다표범과 같은 북극 해양 동물은 청각이
예민하다. 북극 해양 동물에게 소리는 시각에 해당한다. 공기보다
물을 통해 훨씬 잘 전달되는 소리의 특성을 이용하여 해양 동물은
먼 거리에서도 소통할 수 있다. 북극의 해양 포유동물은 서로의
소리와 주변 환경의 여러 신호를 들으며 살아간다.[16]

북극고래는 번식기인 겨울이 되면 온종일 노래를 부르면서 짝짓기를 위한 구애 활동을 한다. 일각돌고래는 자신이 낸 소리의 반향음파(反響音波)를 받아 앞에 있는 물체의 방향, 거리, 크기 등을 파악하는 반향정위(反響定位)를 한다. 바다코끼리의 어미와 새끼는 목소리로 서로를 알아본다.[17]

기후변화와 북극의 해빙 손실은 북극의 사운드스케이프sound scape('소리sound'와 '풍경landscape'의 합성어)를 바꾼다. 먼저 해빙이 줄어들면서 북극에서 수중 소음이 증가한다. 해저 소리의 전달은 염분, 온도, 압력이라는 세 가지 요소가 복합적으로 결합된 방식에 의해 달라진다. 소리 자체가 물속 분자를 압축하고 환원하는 압력파이기 때문이다.

기후변화로 물의 온도가 상승하면 분자가 활발하게 움직이면서 음파가 더 빨리 이동하게 된다. 빙하가 녹으면서 담수가 바닷물과 섞이고 있으므로 그 주변 해수의 염도가 예측할 수 없게 된 것은 사운드스케이프의 교란 요소가 되었다.

이탈리아 [국립해양지구물리연구소OGS]에 따르면 그린란드와 뉴펀들랜드의 해저 소리의 평균 속도는 2100년까지 1.5% 이상 빨라진다. 이에 따라 고래 울음소리의 이동 속도가 더 빨라져 의사소통에 문제를 일으킨다.[18] 태풍 발생 빈도와 세기의 증가 또한 수중 소음을 증가시킨다.[19] 뿐만 아니라 바다를 가로지르는 해운, 석유 채굴 설비를 포함한 기타 기반 시설이 소음을 가중한다.

그림 5-10. 해저 소음과 사운드스케이프
ⓒ 미국 해양대기청(NOAA)

기후변화로 빙하가 녹아 없어진 자리는 북극항로 등 인간의 해상 활동과 관련된 소음으로 가득 채워지면서 해양 동물에게 스트레스를 주고 생존을 위협한다.[20] 수중 소음으로 바다코끼리 어미와 새끼가 떨어졌을 때 소리 신호를 통해 서로를 찾기 어려워진다. 또한 과도한 소음은 흰돌고래의 귀 유모세포를 손상시킨다.[21]

남극에서도 마찬가지다. 남극의 바닷물이 거대한 빙하의 아래를 갉아먹으면서 담수가 바닷물의 염분 농도를 떨어뜨리는 현상이 생기기 때문이다.[22]

인간 활동으로 인한 지구의 온난화와 생태계의 변화는 세계 전체와 복합적으로 연결되어 종국에 모두 인간에게 되돌아온다. 북극곰이 해빙을 떠나 육지에서 버티는 고육지책으로 멸종을 늦추고 있지만 인간을 포함한 동식물이 도망칠 곳은 종국에 제한적이다.[23] 인간이 만든 풍경 앞에서 인간이 할 수 있는 일이 완전히 없어지기 날이 올 수도 있다는 얘기다.

1 맷 맥그라스.(2024.2.14). 북극 얼음 녹아 육지로 떠밀린 북극곰들…적응 못해 굶주림 직면. BBC

2 Stephen Leahy. (2018.02.02). "Pove Footage shows polar bears struggling to find food.". National Geographic

3 Bruce Barcott for on earth, part of the Guardian Enviornment Network. (2011.07.19). "Polar bear cub drowning due to sea ice loss, say report". The Guardian

4 Global Change Biology. "Castro de la Guardia, L. 외 4명". (2013), "Future sea ice conditions in Western Hudson Bay and consequences for polar bears in 21st century"

5 Stephen Leahy. (2018.02.02). "Pove Footage shows polar bears struggling to find food.". National Geographic

6 Brian Handwerk. (2013.10.23). "Watching polar bear eat goose eggs in warmer Arctic.". National Geographic

7 Global Change Biology. "Castro de la Guardia, L. 외 4명". (2013), "Future sea ice conditions in Western Hudson Bay and consequences for polar bears in 21st century"

8 (Aug.31.2023). New paper provides climate policy framework. MNS. "Unlock the Endangered Species Act to address GHG emissions"

9 https://www.antarcticglaciers.org/students-3/answers/

10 https://www.nationalgeographic.com/animals/birds/facts/chinstrap-penguin

11 Aryn Baker. (2020.02.10.) "Climate Change is Decimating Antarctic Chinstrap Penguins". Time

12 조홍섭. (2023.4.14). 펭귄은 똥만 싸도 바다에 이롭다…철분 520t 해마다 공급. 한겨레

13 https://[NSIDC].org/learn/parts-cryosphere/sea-ice/why-sea-ice-matters

14 Sophie Renaut 외 1명. (2018.10.15). "Arctic sea ice decline driving ocean phytoplankton farther north.". AGU

15 이용;(2014.09.25). "녹조의 주범 남세균의 불편한 진실"한겨레 과학웹진 사이언스온

16 https://www.ted.com/talks/kate_stafford_how_human_noise_affects_ocean_habitats/transcript?language=ko&subtitle=ko

17 https://www.arcticwwf.org/the-circle/stories/infographic-underwater-noise/

18 Matt Simon. (2022.04.14.). "Oceans Aren't Just Warming-Their Soundscapes Are Transforming". Wired

19 https://www.ted.com/talks/kate_stafford_how_human_noise_affects_ocean_habitats/transcript?language=ko&subtitle=ko

20 Matt Simon. (2022.04.14.). "Oceans Aren't Just Warming-Their Soundscapes Are Transforming". Wired

21 https://www.arcticwwf.org/the-circle/stories/infographic-underwater-noise

    Jo price. (2022.05.19). "What is echolocation and which animal use it?". Discoverwildlfie

22 Matt Simon. (2022.04.14.). "Oceans Aren't Just Warming-Their Soundscapes Are Transforming". Wired

23 UN News Global. (2022.01.30.) "If you're not thinking about the climate impacts of thawing permafrost, (here's why) you should be", UN News

CHAPTER

06

언 땅이 녹고,
바닷가가 잠긴다

어떤 시대를 대비해야 하는가?

영구동토층은 토양이 최소 2년 이상 얼어 있는 지역으로 극지방에 넓게 분포한다. 스웨덴의 북극지도정보 전문기관인 [NORDREGIO]에 따르면 2017년 현재 북극권 영구동토층에는 1,162개 거주지역에 약 500만 명의 사람이 살고 있고 그중 100만 명이 해안가에 살고 있다.[1] 주요 연구결과에 따르면 영구동토층 거주지의 42%가 2050년까지 해빙으로 사라질 위협이 있는 곳에 위치해 있고 330만 명의 인구가 그곳에 살고 있다.[2]

지구표면 평균온도가 1.5℃ 오를 때 북극 지역은 2~3배 더 빨리 따뜻해져 3~5℃ 상승할 것으로 예측된다. 이에 따라 땅이 녹아 침식되고 산사태가 발생하며 바다 얼음의 감소로 해안 마을은 폭풍과 해일에 더 취약해진다.

미국 최초의 기후난민.. Carbon's Casualties

캐나다 북서부에 위치하는 소도시 이누빅의 아주 작은 마을 툭토약툭Tuktoyaktuk은 마을 전체가 영구동토층 위에 있다. 2021년 9월, 툭토약툭 마을 주민들은 기후변화로부터 마을을 보호하는 데 최소 4,200만 달러가 든다는 얘기를 들었다. 그나마 어떠한 보호조치를 취해도 2052년 이후는 존속을 기약할 수 없다고 했다. 현재 툭토약툭 마을은 매년 평균 2m씩 침식되고 있다. 영구동토층이 지금과 같은 속도로 녹는다면 2050년쯤 마을 전체가 사라진다.[3]

그림 6-1. 영구동토층 해빙으로 무너져 내린 알래스카의 해안선
ⓒ 미국지질조사국

국토의 3분의 2 가량이 영구동토층인 러시아. 이 나라의 북부 도시들에서 건물이 무너지고 있다.[4] 영구동토층 지하에서 물이 얼었다가 녹으면서 땅이 팽창하고 수축하기를 반복하기 때문이다. 영구동토층 위에 세워진 도로 또한 붕괴하고 있다. 원주민인 이누이트족Inuit은 세대를 전승한 그들만의 생활방식을 고수하기 힘들어졌다. 얼음과 육지를 오가는 그들의 안전한 길이 땅이 뒤틀리며 사라지고 있다.[5] 이누이트는 길을 잃었다.

지구온난화에 따른 그린란드와 남극 빙하 용융의 직접적 결과는 해수면 상승이다. 미국 알래스카 주 작은 섬마을 시시마레프 주민들은 아예 섬을 버리고 내륙으로 이주하고 있다. 해수면

그림 6-2. 시시마레프 마을에서 도로가 침식되고 있다.
© 미국회계감사원

상승으로 섬 전체가 물에 잠길 위기에 처하자 2016년 주민투표를 통해 고향을 떠나기로 결정했다.[6] 시시마레프는 이누이트족이 4,000년 넘게 거주한 알래스카의 섬으로 이주를 결정할 때에 약 600명의 주민이 전래의 어업으로 생계를 이어가고 있었다. 하지만 폭풍, 해안 홍수와 같은 기후위기로 섬이 사라질 위기에 처하자 조상 대대로 이어온 땅을 포기할 수밖에 없었다.[7]

그 해 2월에는 멕시코만에 면한 미국 남부 루이지애나 주의 작은 섬 '진 찰스' 주민 약 60명이 미국 최초의 기후 난민으로 지정되었다.[8] 석유 및 가스 개발 등으로 심각한 영향을 받은 데다 해수면 상승 및 침식으로 섬의 98%가 사라져 주민들은 다른 지역으로 이주해야 했다.[9] [10] 뉴욕타임스는 특정 사건·사고의 인명 피해자를 뜻하는 'Casualties'를 확장해 지구온난화 여파로 정착지를 잃고 '기후난민'이 된 이들을 '탄소 피해자Carbon's Casualties'라고 지칭했다.

미국 [회계감사원GAO]에 따르면 홍수와 침식으로 위협에 직면한 미국내 마을은 2004년 4개에서 2009년에 31개로 증가했다.[11] 2019년에는 알래스카 원주민 마을 70개 이상이 침식, 홍수 또는 영구동토층 손실로 인한 심각한 환경 위협에 직면했다고 보고되었다.[12]

기후변화가 해안 지역을 취약하게 한다

유럽위원회에 따르면 해안 지역은 기후변화와 자연 재해에 가장 취약하다. 홍수, 침식, 해수면 상승과 같은 극단적인 기상 현상이 해안 지역사회의 삶과 생계를 뒤바꾸고 있다. 지구온난화로 인한 해수면 상승은 해안 범람의 가능성을 높여 기반 시설을 손상시키고 농작물을 파괴하는 등 인류문명을 위험에 빠뜨릴 수 있다.

2019년 《네이처》에 발표된 〈해수면 상승과 해안 범람에 관한 연구〉는 해수면 상승으로 인한 2050년까지의 최소 피해 예상치를 기존 연구보다 3배로 높게 잡아, 그때까지 전 세계에서 1억 5,000만 명이 삶의 터전을 잃을 수 있다고 전망했다. 해수면 상승으로 2050년까지 이주해야 할 기존 연구의 예상 인구는 5,000만

Average number of flood days per year:

그림 6-3. 미국에서의 해안 범람의 빈도를 보여주는 자료
1950~1959년과 비교했을 때 2011~2020년에 해안 범람의 빈도가 크게 증가했다.
ⓒ 미국 환경보호청

~2억 명이었다. 또한 전 세계 해안 지역은 현재 예상하고 있는 것
보다 더 위협적인 미래에 대비해야 할 것이라고 지적했다.

　미국에서는 해수면 상승으로 해안가 주민이 내륙으로 대규모
이주함에 따라 인구가 재배치될 것으로 보고 있다.[13][14] 실제로 미
국 해안의 범람 빈도는 [그림 6-3]에서 보듯 과거에 비해 큰 폭으
로 증가했다.

유럽에서는 100년에 한 번꼴로 발생하는 극단적인 해안 홍수가 지구온난화의 심화로 1년에 한 번 정도로 발생할 수 있다는 우려가 제기됐다.[15] 유럽 인구의 3분의 1이 해안에서 50km 이내에 살고 있어 해수면 상승과 홍수는 유럽인에게 심각한 영향을 미칠 것으로 보인다.[16]

온실 가스 배출을 줄여 지구온난화를 늦추는 것이 최악의 결과를 예방하는 근본 해법이긴 하나 인류가 최선으로 온실가스를 줄인다 해도 해수면 상승 자체를 막을 수 없는 것이 현실이다.[17] 미

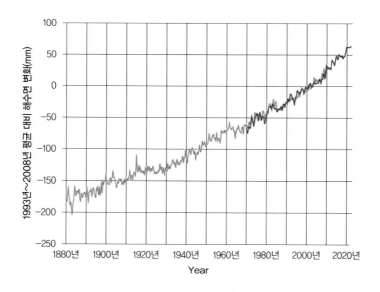

그림 6-4. 1993~2008년 평균과 비교하여 밀리미터 단위의 해수면 변화를 보여주는 그래프
ⓒ 미국 해양대기청(NOAA)

국 [해양대기청NOAA]의 〈2022년 해수면 상승 기술 보고서〉에 따르면 미국 해안가는 2050년까지 해수면이 30cm가량 상승한다. 1920~2020년의 100년 해수면 상승치와 비슷하다.[18] 지구온난화를 늦추기 위한 노력과 함께 기후변화로 달라진, 달라지고 있는, 달라질 새로운 환경에도 적응해야 함을 시사한다.

네덜란드의 해안 보호 솔루션을 통한 적응

네덜란드는 호수, 강, 운하가 많은 저지대 국가로 홍수가 발생하기 쉬운 지형이다.[19] 예부터 네덜란드 사람들은 물과 함께 살아갈 수 있는 방법을 강구했기에 현재의 해수면 상승에 효과적으로 대처하고 있으며 해법을 전 세계에 공유하고 있다.[20]

네덜란드는 해안 홍수로부터 국토를 보호하고 충분한 담수를 확보하는 한편 기후변화에 대응하기 위해 2000년에 델타 프로그램을 시작했다. 앞서 1953년 남서부 쪽에서 바닷물이 범람하여 대홍수가 발생하자 해안선과 제방에 대한 조치 등을 담은 델타 플랜을 1955년에 도입했다. 현재 기후변화로 점점 더 극단적인 기후에 접하고 있어 대응방법을 매년 업데이트한다.[21] [22] [23]

네덜란드는 해안 구역을 해수면 상승에 대응하여 성장시키는 '해변 영양Beach Nourishment(해변 보충이라고도 한다)' 방법을 활용한다.[24] 해변 영양은 침식을 방지하고 해변 너비를 늘리기 위해 해변에 다량의 모래를 분포한다.[25] 하지만 해변 영양의 전통적인 접

그림 6-5. 해안 보호 솔루션 샌드모터 프로젝트를 시범적으로 실험한 해안가
© Zandmotor

근 방식은 200만~500만m³의 많지 않은 양의 모래를 사용하고 약
5년을 주기로 반복하므로 생태계가 자주 교란되는 문제점을 드러
냈다.[26] 예를 들어 새로운 모래는 천연 모래와 같은 입자 크기나
화학적 구성이 아닐 수 있으며 이는 해변 동물이 의존하는 서식지
를 변화하여 동물이 피해를 볼 수 있다.[27]

　이러한 문제점을 해결하기 위해 친환경 해안 보호 솔루션 '샌
드 모터Sand Motor' 프로젝트가 시행되었다. 해안선을 홍수로부터
보호하면서도 해안 고유의 자연적인 과정을 고려하여 생태 교란
을 줄이는 프로젝트다.[28] 모래는 바람과 해류 같은 자연의 힘에 의
해 해안가를 따라 점차적으로 분포되며 기존 방법보다 훨씬 더 많
은 모래를 퇴적하여 보호 시스템이 더 오래 유지된다.[29] '샌드 모
터' 프로젝트가 시범 진행된 네덜란드 델플란트 해안에서는 향후

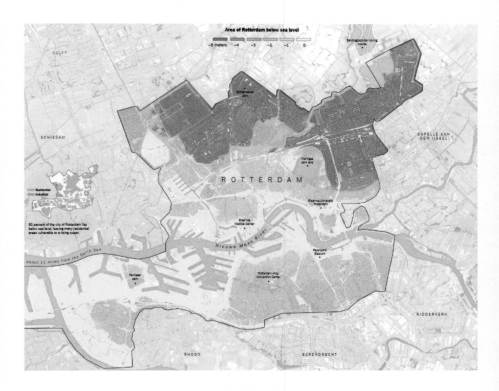

그림 6-6. 로테르담시의 해수면 아래 지역
© 로테르담시

20년 추가적인 해변 영양이 불필요할 것으로 예측되었다.[30]

유럽 최대 무역항 네덜란드의 로테르담도 물에 잠길 위험에 처했다. 보통은 제방을 쌓아서 해수면 상승에 대비하지만 제방만이 대책이 될 수는 없다. 해수면이 계속해서 상승하면 결국 10m 방벽 뒤에 바닷물을 두고 생활하게 될 수도 있기 때문이다.[31] 시의 대부분이 해수면 아래인 로테르담은 치수에 도시행정의 사활을 건다. 로테르담의 북쪽에 면한 엔트라그츠폴더Eendragtspolder라는 8만 9,000㎡ 넓이의 대중 스포츠 단지는 사활적 노력의 한 예다. 평소엔 카누를 타고 수영을 하는, 저지대 습지에 건설한 스포츠 시설이지만 홍수가 닥치면 400만m³의 물을 저장할 수 있는 물탱크로 변신한다. 공중 스포츠 시설을 동시에 큰 저수지가 되도록 설계하여 물과 싸우기보다는 물이 범람해도 삶에 피해가 가지 않도록 물이 흐를 수 있는 공간을 만들어준 셈이다.[32] [33]

1997년에 완공된 매스란트케링 방벽은 평소에는 바닷물의 흐름을 방해하지 않기 위해 수문을 열어 두지만 재난이 우려되면 부채꼴 모양의 수문 2개를 닫아 해수의 범람을 막는다. 부채꼴 모양의 수문 각각은 길이 237m, 최대 높이 20m이며 에펠탑의 4배 무게다. 매스란트케링은 도시의 첫 번째 방어선으로 로테르담 항구의 선박과 주민을 보호하려는 목적으로 건설되었다.[34] 컴퓨터가 해수면 상승을 계속 모니터링하여 수위가 기준 수면을 3m 초과하면 문이 자동으로 닫힌다.[35] [36] [37] [38] 네덜란드에서는 수중 농장, 물에 뜨는 주거 공간 개발 등 물과 함께 살아가기 위한 방안을 지속해서 찾고 있다.[39]

이탈리아 베네치아의 '모세MOSE, Modulo Sperimentale Elettromeccanico'도 매스란트케링과 비슷한 발상의 바닷물 범람 차단장치다. 모세는 총 78개의 인공 차단벽으로 구성됐으며 바닷물 수위가 높아지면 이 차단벽이 자동으로 솟아올라 범람을 막는다. 최대 3m 높이의 조수까지 차단할 수 있도록 설계됐다. 평상 시에는 바닷속

그림 6-7. 매스란트케링
© 네덜란드 관광청

그림 6-8. 이탈리아 베네치아의 '모세'
© Mose Project

에 잠겨 있다가 조수 수위가 130cm 이상이 되면 가동된다. 모세 아이디어는 1980년대 중반에 나와 2003년 착공했다. 환경보호론자의 반발과 당국의 예산 부족 등으로 시간을 끌다가 2020년에야 준공됐다.

엘라스토코스트

독일 화학 기업 [바스프]의 '엘라스토코스트Elastocoast'는 식물성 원료와 암석을 결합한 해안 침식 방지 솔루션이다. 이 혼합물을 해안가에 분포하면 파도의 에너지를 흡수하여 파도의 파괴력을 줄이는 효과를 거둔다. 무독성의 친환경 원료를 이용했기에 해양 생태계에 유해한 영향을 미치지 않은 채 암석으로 주변 경관과 통합된다는 장점이 있다.[40][41]

우리나라 해변도 침식 위협으로부터 안전하지 못하다. 2018년 강원도 [환동해본부]의 〈동해안 연안침식 현황과 대책〉에 따르면 최근 들어 기후변화와 인위적인 개발로 동해안 해변이 변화하고 있다. 백사장 폭이 좁아지거나 도로가 유실되고, 자연환경이 변화하는 등 해안침식 피해가 반복적으로 발생하면서 청정해변이 훼손되고 있어 지역사회의 새로운 문제로 부각되었다.[42]

국내에서는 2012년 전남 진도군 관매도 해변 300m²에 엘라스토코스트가 처음 적용된 이후 몇 차례의 태풍을 겪고도 해안선이 온전한 모양을 유지하여 우수성이 입증됐다. 이후 2019년까지 강

그림 6-9. 우리나라 강원도 강릉시 사천면 소초 해안에 적용된
바스프의 엘라스토코스트 솔루션
ⓒ 바스프

룽, 통영, 거제 등 30개 이상의 해변에서 엘라스토코스트 프로젝트가 시행되었다.[43] 독일 네덜란드 프랑스 등 유럽, 한국, 태국, 중국 등 아시아, 미국까지 세계 여러 나라에 도입됐다.

맹그로브 숲 조성을 통한 삶의 현장 복원

[IPCC]에서 소개한 맹그로브 숲 조성은 해안가 땅의 지속가능성을 높여준다.[44] 맹그로브는 폭풍, 쓰나미, 해안 침식과 같은 자연 재해로부터 해안을 보호하는 역할을 한다.[45] 독특한 뿌리 시스템으로 인해 해수면이 상승하는 시기에는 서서히 육지로 이동하고, 해수면이 퇴행하는 시기에는 바다로 이동하여 해안선 변화에 잘 적응하는 땅을 만들 수 있기 때문이다.[46] 다른 열대 숲보다 탄소를 최대 4배 더 많이 흡수한다.[47] 전 세계에서 훼손된 맹그로브 숲을 복원하기 위한 광범위한 노력이 펼쳐지고 있다.

그린란드와 남극 빙하의 용융(融解)에 따른 해수면 상승은 극지방뿐만 아니라 전 지구에 영향을 미칠 것이기에 예방 외에 적응과 복원이 기후위기 대응 매뉴얼에 포함되어야 한다. 도로와 다리는 더 높은 온도와 더 강력한 폭풍우를 견디도록 건설되거나 개조되어야 하며 해안에 입지한 도시는 해안 홍수를 방지하기 위한 더 견고한 시스템을 구축해야 한다. 국부적 대응이 아니라 경제와 사회의 전반을 기후 영향에 탄력적으로 대응할 수 있게 바꿔 나가야 한다. 살펴본 대로 일부 지역은 적응할 수 있는 방법을 못 찾아 그

그림 6-10. 해안을 보호하고 탄소를 저장하는 맹그로브 숲
ⓒ 미국 해양대기청(NOAA)

곳 주민이 삶의 터전을 버리고 새로운 곳으로 이주하게 될 수도 있다. 해수면 상승으로 수몰 위험에 처한 일부 섬나라뿐만 아니라 미국에서도 일어나고 있는 일이다.[48]

미국 정부는 하와이 라하이나 마을의 해안 고속도로를 내륙 쪽으로 약 3.7m 이동할 계획을 세웠다. 이곳은 하와이에서 기후변화의 위협이 가장 큰 대표적인 고속도로다. 하와이의 향후 30년 해수면 상승 전망치는 15~20cm로 추정된다. 도로 이동에는 400만 달러가 넘는 예산이 필요하고, 도로 이동에 따른 토지수용, 소음 등 파생되는 문제가 산적해 있다. 게다가 도로 이동은 단기적인 해결책일 뿐, 보다 근본적인 대책이 필요하다는 지적이 이어

져 논란이 지속되고 있다.[49][50]

기후과학자들이 내놓은 '지금이 아니면 할 수 없다Now or Never'는 경고는 2022년 [IPCC] 6차 보고서의 상징적인 문구다.[51] 지역마다 해수면이 상승하는 정도는 다르지만 지금 당장 온실가스 배출이 없어져도 2300년까지 0.7~1.1m가량의 해수면 상승은 피할 수 없다.[52]

약 6억 명의 사람이 평균 해발 10m 이하의 해안 지역에 살고 있으며 전 세계 대도시의 절반 이상이 해안에 입지했다. 모든 해안 도시가 위험에 직면해 있지만 일부는 더 심각한 해수면 상승을 경험하며 소멸 위협에 처할 수도 있다.[53] 수도의 지위까지 빼앗긴 인도네시아 자카르타에서 이미 목격하고 있는 현상이다.

세계 전체로 보면 도로를 이동하는 단기적인 대책을 포함하여 기후위기에 적응하는 데 드는 전체 비용이 온실가스를 줄이는 데 드는 비용보다 더 크지 않을까. 지금은 모르겠지만 머지않아 그렇게 될 것 같다.

1   Justine Ramage외 5명. (2021.01.06) "Population living on permafrost in the Artic"

2   Justine Ramage외 5명. (2021.01.06) "Population living on permafrost in the Artic"

3   UN News Global. (2022.01.30.) "If you're not thinking about the climate impacts of thawing permafrost, (here's why) you should be", UN News

4   https://www.iberdrola.com/sustainability/what-is-permafrost

5   UN News Global. (2022.01.30.) "If you're not thinking about the climate impacts of thawing permafrost, (here's why) you should be", UN News

6   The Guardian(2016), 'Alaskan village threatened by rising sea levels votes for costly relocation'

7   Climate Adaptation Knowledge Exchange(2021), 'Relocating the Native Village of Shishmaref, Alaska Due to Coastal Erosion'

8   The Guardian(2016), 'Alaskan village threatened by rising sea levels votes for costly relocation'

9   cultural survival(2019), 'The First U.S. Climate Refugees: Louisiana Tribe Fights for Sovereignty over Resettlement as Island Disappears'

10 daily advertiser(2020), 'Why is Isle de Jean Charles disappearing? A timeline of land loss'

11 Northern Arizona University, https://www7.nau.edu/itep/main/tcc/Basic/Ak_inupiaqnw_rel

12 GAO, 'Alaska Native Issues: Federal Agencies Could Enhance Support for Native Village Efforts to Address Environmental Threats'

13 Nature(2019), 'New elevation data triple estimates of global vulnerability to sea-level rise and coastal flooding'

14 CBS(2019), 'Rising sea levels on track to destroy the homes of 300 million people by 2050'

15 CBS(2017), 'Extreme coastal flooding will become the new normal in Europe, study says'

16 Europe Commission, https://ec.europa.eu/environment/iczm/state_coast.htm

17 ESA climate office, https://climate.esa.int/en/projects/sea-ice/news-and-events/news/simulations-suggest-ice-free-arctic-summers-2050/

18 NOAA(2022), 2022 Sea Level Rise Technical Report, pp 12

19 Government of the Netherlands, https://www.government.nl/topics/delta-programme/delta-programme-flood-safety-freshwater-and-spatial-adaptation

20 Global citizen(2017), 'The Dutch Solution to Rising Sea Levels: Live With the Water'

21 Government of the Netherlands, https://www.government.nl/topics/delta-programme/delta-programme-flood-safety-freshwater-and-spatial-adaptation

22 National Delta Programme, https://english.deltaprogramma.nl/

23 National Delta Programme, https://english.deltaprogramma.nl/delta-programme/delta-programme-2022

24 Climate change post, https://www.climatechangepost.com/netherlands/coastal-floods/

25 Explore Beaches, https://explorebeaches.msi.ucsb.edu/beach-health/beach-nourishment

26 Eco shape, https://www.ecoshape.org/en/pilots/the-delfland-sand-engine-4/

27 Explore Beaches https://explorebeaches.msi.ucsb.edu/beach-health/beach-nourishment

28 Climate ADAPT, https://climate-adapt.eea.europa.eu/metadata/case-studies/sand-motor-2013-building-with-nature-solution-to-improve-coastal-protection-along-delfland-coast-the-netherlands

29 Eco shape, https://www.ecoshape.org/en/pilots/the-delfland-sand-engine-4/

30 Deltares, https://www.deltares.nl/en/projects/sand-engine/

31 The New York Times(2017), 'The Dutch Have Solutions to Rising Seas. The World Is Watching'

32 de Rotte, https://www.ookditisderotte.nl/activiteiten/routes/rondje-eendragtspolder

33 The New York Times(2017), 'The Dutch Have Solutions to Rising Seas. The World Is Watching'

34 Allyn, https://www.allynintl.com/en/news-publications/entry/maeslantkering-maeslant-barrier

35 Civil engineer, 'Video: Maeslantkering: The biggest Storm Surge Barrier in the World'

36 Watersnoodmuseum, https://watersnoodmuseum.nl/en/knowledgecentre/maeslant-barrier/

37 The New York Times(2017), 'The Dutch Have Solutions to Rising Seas. The World Is Watching'

38 Global citizen(2017), 'The Dutch Solution to Rising Sea Levels: Live With the Water'

39 CNA, https://www.channelnewsasia.com/climatechange/tides-of-change-netherlands-floating-farms-homes-1338466

40 BASF 홈페이지

41 BASF 홈페이지

42 현대해양(2018), '동해안 연안침식 현황과 대책'

43 BASF 홈페이지

44 IPCC(2018), SPECIAL REPORTGlobal Warming of 1.5 ℃, pp 457

45 JNCC(2020), The role of mangroves in coastal protection, pp 1

46 JNCC(2020), The role of mangroves in coastal protection, pp 5-6

47 NCC(2020), The role of mangroves in coastal protection, pp 8

48 UN 홈페이지

49 The Maui News(2022), 'State seeks to move Lahaina highway', https://www.mauinews.com/news/local-news/2021/05/state-seeks-to-move-lahaina-highway/

50 Civil Beat(2022), 'Maui Is Getting Ready To Move Part Of A Major Highway Due To Climate Change', https://www.civilbeat.org/2022/02/maui-is-getting-ready-to-move-part-of-a-major-highway-due-to-climate-change/

51 The Guardian(2022), '[IPCC] report: 'now or never' if world is to stave off climate disaster'

52 IPCC(2014), '[IPCC] Fifth Assessment Report', pp 1148

53 C40(2022), 'How to adapt your city to sea level rise and coastal flooding'

CHAPTER

07

남극에서 '종말의 날 빙하'가
녹고 있다

함께 어두워진 펭귄의 미래

남극대륙 북쪽에 위치한 헬리만은 세계에서 두 번째로 큰 황제펭귄의 번식지다. 그러나 2016년부터 3년 간 거의 모든 황제펭귄의 새끼가 살아남지 못했다. 황제펭귄이 번식하려면 번식 주기인 4~12월에 안정적인 얼음이 필요하다. 그동안 깃털이 자라야 새끼 황제펭귄이 먹이 활동을 하러 바다에 들어갈 수 있기 때문이다.[1] 하지만 중태평양 해수의 온도가 상승하는 엘니뇨가 발생하며 남극에 이례적인 폭풍이 찾아와 육지와 이어진 바다 얼음을 깨 버렸다. 서식지인 바다 얼음이 깨지면서 아직 수영 능력이 없는 새끼들이 대거 익사하여 황제펭귄은 번식에 실패했다. 현재 펭귄의 서식 환경은 빠르게 변화하고 있으며 동시에 장기적으로 대체 번식지를 찾기도 어려운 상황이다.[2][3][4]

수천 년 안정적이었던 남극의 얼음이 부서지고, 얇아지고, 녹고 있다. 남극대륙의 초기 연구는 극적으로 변화한 장소를 찾는 것을 목표로 할 정도로 이 지역 얼음의 흐름과 빙상의 고도가 잘 변하지 않았다. 하지만 상황이 변했다.[5]

남극이 녹고 있다

빙하Glacier는 육지 위로 천천히 흐르는 얼음과 눈의 축적물이다. 이 빙하가 육지에 자리를 잡고 5만㎢ 이상 확장되면 빙상Ice Sheet이라 불린다. 현재 지구에는 두 개의 빙상이 존재하는데, 그린란드와 남극대륙을 덮고 있다. 두 곳에 얼음 형태로 존재하는 담

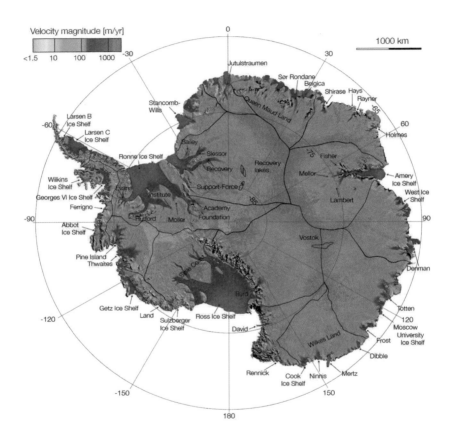

그림 7-1. 남극 지도
© NASA's Goddard Space Flight Center Scientific Visualization Studio

수의 양은 지구 담수 총량의 68% 이상이다.

남극에 분포하는 빙상은 면적이 1,390만㎢로[6] 대략 한반도의 약 60배에 해당한다.[7] 남극 빙상의 평균 두께는 1.937km고, 가장 두꺼운 곳은 약 4.9km다. 남극을 덮은 얼음의 체적은 2,692만 ㎢다.[8][9] 동남극 빙상의 높이는 대략 3~4km 정도이고, 서남극과 남극 반도 빙상은 이보다 낮은 편이어서 가장 높은 지역이 약 2.5km다.[10] 만약, 남극 빙상 전체가 녹는다면 전 세계 지구 해수면은 약 60m 상승할 것으로 예측된다.[11]

빙상이 녹거나 바다로 흘러 들어가서 얼음의 질량이 손실되는 만큼 눈이 쌓이면 빙상은 '균형' 상태에 놓여있다고 말한다.[12] 연구에 따르면 1979~2017년의 40년 간 남극 빙상 질량은 균형을 이루지 못했다. 2009~2017년에 매년 2,520억 톤만큼 남극 얼음이 손실됐다. 해가 갈수록 얼음 손실이 많아졌다. 1979~1990년에 400억 톤, 1989~2000년 500억 톤, 1999~2009년 1,660억 톤이 손실됐다.

남극 질량 손실에 가장 많이 기여한 지역은 서남극이다. 2009~2017년 동안 서남극에서 전체 손실의 63%인 1,590억 톤만큼 얼음 질량이 손실됐다. 동남극과 남극 반도에서의 질량 손실보다 약 3~4배 더 크다.[13]

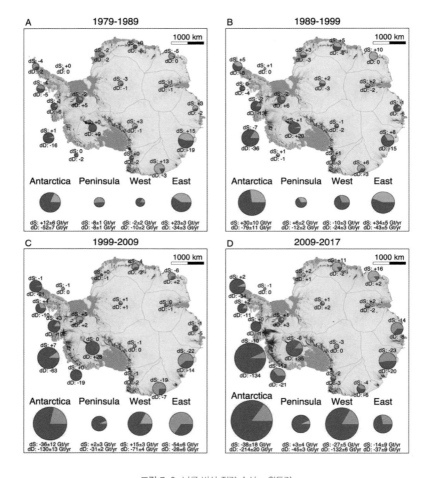

그림 7-2. 남극 빙상 질량 손실 – 획득량
© www.pnas.org

북극과 남극은 어떻게 다른가

북극과 남극 모두 극지방이지만, 지리적 차이로 북극이 남극보다 상대적으로 더 따뜻하다. 바다가 육지보다 더 천천히 따뜻해지고 더 천천히 냉각되기 때문이다. 남극은 얼음으로 뒤덮인 대륙인 반면 북극은 얼음이 떠 있는 바다다.[14 15]

남극과 북극의 해류 흐름 또한 차이를 만들어냈다. 남극은 바람과 해류가 남극대륙을 중심으로 원처럼 돌아 추위를 가둔다. 북극은 남쪽의 기후와 상호작용하며 영향을 주고받는다.[16] 이에 따라 북극은 겨울에 평균 영하 40℃이고, 여름에 평균 0℃까지 올라간다. 남극은 겨울에 평균 영하 60℃, 여름에는 평균 영하 28℃다.[17]

바다에서 형성되고 녹는 얼음인 북극의 해빙은 녹아도 이론상으로 지구 해수면 상승에 직접적으로 기여하지 않지만[18] 남극 빙상의 용융은 해수면 상승에 직접 영향을 미친다. 남극 얼음의 용융은 2006~2015년에 매년 해수면이 0.43(±0.05)mm만큼 상승하는 데 기여했다. 그 속도는 과거에 비해 빨라졌다. 2006~2015년 남극 빙상의 질량 손실량은 1992~2001년의 3배였다.

[IPCC]의 기후변화 시나리오는 온실가스가 현재 수준으로 유지된다면(RCP 8.5) 2100년까지 지구 평균 해수면이 0.84m 상승할 것으로 예상했다. 이때 남극 빙상의 상승 기여는 0.12m로 추산됐다. 이 시나리오도 확실한 것은 아니다. 남극 빙상의 용융 경로

가 불안정해 상황에 따라 다른 변수와 결합해 지구 평균 해수면을 1m 이상으로 끌어올릴 수도 있기 때문이다.[19]

🐻 빠르게 녹고 있는 서남극 빙상

남극대륙의 얼음 질량 손실은 앞에서 언급한 대로 주로 서남극 빙상에 의해서다.[20] 2000년대 이후 서남극 빙상의 얼음 손실이 증가하면서, 남극대륙 얼음 전체의 손실을 주도했다.[21] 주된 이유는 빙상의 끝단에서 바다 위로 길게 뻗은 빙붕Ice Shelf의 붕괴다. 빙상이 녹는 것을 막아주는 빙붕이 서남극 지역에서 따뜻한 해수와 접하면서 얇아지고 있다.[22]

서남극 빙상은 대부분이 해수면 아래의 암반 위해 자리잡고 있어 지구온난화로 빙상 일부가 불안정해지면 빙상 붕괴의 티핑포인트에 도달해 이후 남극 얼음이 급격히 붕괴할 수 있다는 우려가 나온다. 2024년 2월 영국 케임브리지 대학과 [남극연구소BAS] 연구팀이 과학저널 《네이처 지구과학》에서 지구온난화로 인한 서남극 빙상 붕괴의 티핑포인트 가능성을 제기했다. 서남극 스카이트레인 빙상을 651m 시추해 빙핵을 채취해 연구한 결과 8,000년 전 마지막 빙하기 말에 이러한 현상이 있었다는 사실을 연구팀은 밝혀냈다.

당시 암반 위에 있는 서남극 빙상의 가장자리 아래로 지구온난화로 따뜻해진 물이 들어가면서 빙상붕괴가 시작된다. 빙상

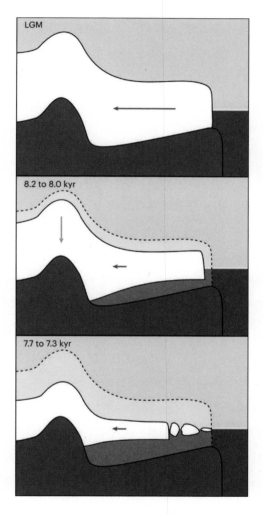

그림 7-3. 스카이트레인 빙상 붕괴 상상도
ⓒ 에릭 울프

의 얼음 일부가 암반에서 분리돼 뜨면서 론 빙붕이 형성되었고, 이후 지반에서 분리돼 있던 인근 스카이트레인 얼음 고원이 급격히 얇아졌다고 보았다. 이에 따라 얼음 두께가 450m나 얇아지면서 이후 급격한 빙상 붕괴를 가져왔다. 연구에 참여한 케임브리지 대학 에릭 울프 교수는 급격한 지구온난화로 서남극 빙상 등 남극 빙상의 일부가 불안정해지면 빙상 붕괴가 다시 발생할 수 있다고 경고했다.[23]

빙붕은 빙상의 연장으로 해안에서 바다 위로 뻗어 있는 두꺼운 얼음판을 지칭한다. 빙붕의 두께는 약 50~600m이며 얼음이 해안에서 수 십~수 백km까지 확장될 수 있다. 남극대륙에는 총 15개의 주요 빙붕이 있다.[24][25]

균형 상태의 빙붕은 이미 바다 위에 떠 있는 상태여서 용융 자체가 해수면 수위에 직접적인 영향을 미치지는 않지만[26] 기존 빙붕이 녹아 사라지면 그 자리를 새로운 빙붕이 채워 바다를 누르고 담수를 추가하여 해수면 상승을 일으킨다. 바닷물이 얼어 있는 북극의 얼음(해빙)과는 해수면에 미치는 영향이 다르다. 결국 빙붕의 붕괴는 대륙 빙하의 손실을 가속화하고, 해수면을 끌어올린다. 남극대륙 빙하의 90%가 빙붕이란 부벽을 통해 지탱되고 있다.[27] 빙붕은 남극대륙 빙하의 지지대인 셈이다.[28] 《네이처》에 등재된 한 연구에 따르면 54개의 빙붕 중 20개의 빙붕이 얇아지고 있으며, 가장 광범위하고 빠르게 손실되고 있는 빙붕은 서남극에서 발견되었다.[29] 바로 남극 질량 손실에 가장 큰 원인인 '스웨이츠 빙하Thwaites Glacier'다.

스웨이츠 빙하는 남극에서 빠른 속도로 붕괴하고 있어 '종말의 날 빙하Doomsday-Glacier'라고 불린다.[30] 이 빙하에서 매년 500억 톤의 얼음이 녹아 바다에 물을 보태고 있으며, 현재 전 세계 해수면 상승의 약 4%를 담당한다.[31] 지난 몇 년 남극의 다른 곳보다 '스웨이츠 빙하'에서 더 많은 질량이 손실됐다.[32] 이 빙하가 완전히 붕괴하기까지 몇 세기가 걸리겠지만, 완전히 녹는 날에는 전 세계 해수면을 65cm 높일 수 있다.[33]

남극 빙상의 질량 손실이 돌이킬 수 없는 경로에 진입했는지는 확실하지 않다.[34] 최근 남극의 초대형 빙하가 전례 없이 너무 빠른 속도로 녹고 있다는 사실은 영국 [남극 조사국British Antarctic Survey]의

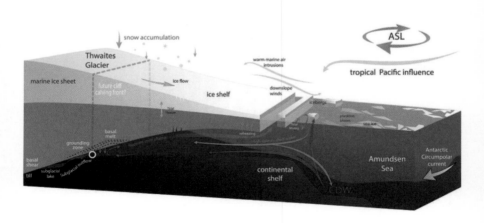

그림 7-4. 스웨이츠 빙하
© T.A. Scambos

새 연구 등을 통해 확인됐다. 육지에 무거운 빙하가 앉으면 지구의 표면을 밀어 내리다가, 빙하가 녹으면 땅이 반등하게 된다. 즉 남극의 얼음이 녹으면 지구 전체의 해수면은 높아지지만, 빙하가 자리한 남극 특정 지역의 해수면은 (땅이 올라가기 때문에) 내려간다. 이러한 상대적 해수면의 변화를 통해 얼음에 의한 대규모 지각 변화를 알 수 있기에 연구자들은 서남극 빙상의 상대적 해수면을 측정해 얼음 손실 속도를 파악했다.

연구결과 서남극 빙상의 상대적 해수면은 지난 5,000년 동안 비교적 안정적인 추세로 꾸준히 내려갔다. 그러나 오늘날 해수면 하강률은 지난 5,000년의 평균적인 하강률의 거의 5배가 된다. 연구진은 이러한 차이가 스웨이츠를 포함한 서남극 빙상과 빙하의 얼음이 지난 5,000년 동안 보지 못한 속도로 유실되기 때문이라고 분석했다. 나아가 지난 30년에 목격된 빙하의 손실속도는 전례가 없는 일이라고 지적했다.[35][36]

🐻‍❄️ 안정적이라 여겨졌던 동남극도

서남극과 다르게 동남극은 얼음 상태가 균형에 가깝거나 잠재적으로 증가하고 있는 것으로 여겨졌다.[37] 하지만 2022년 3월, 서남극에 비해 안정적으로 보였던 동남극에서의 약 1,200㎢ 넓이의 빙붕이 무너졌다.[38] 동남극 일부 지역에서 기온이 높았던 것이 원인이었다. 남극대륙 중심부보다 40℃ 이상 높은 영하 12℃까지 기온이 치솟으며 빙붕이 붕괴했다.[39] 이 빙붕은 콘저Conger와 글렌저 Glenzer 빙하에 인접한다.

[API]는 "과학자들은 동남극에서 이렇게 갑작스럽게 빙붕이 무너진 적은 처음이라 우려했다"라고 보도했다. 이번 붕괴에서 중요한 것은 얼마만큼의 얼음이 손실됐는지가 아니었다. 비교적 안정적이라 여겨진 동남극의 빙붕 붕괴가 동남극의 얼음이 안정적이라는 가정에 의문을 품게 만들었다. 동남극 얼음의 변화에 대해서는 이제 막 논의가 시작된 참이어서 기후위기 및 해수면 상승에 어떤 영향을 미칠지를 단정하기 어렵다.

동남극 빙상은 남극 빙상 중 가장 크며 해수면을 52m 높일 만큼의 얼음이 저장되어 있고[40] 서남극의 약 10배나 된다는 점이 우려를 깊게 한다.

남극대륙 얼음의 질량이 미래에 어떤 균형을 이룰 수 있는지는 여전히 불확실하다.[41] 이러한 불확실성은 남극에서 [IPCC]의 예측보다 더 극단적인 시나리오가 전개될 가능성을 배제하지 못하게 한다. 전 세계 해수면이 평균 1m 상승하면 최대 1억 8,700만 명의 이재민이 발생한다. 바닷가를 중심으로 한 인류 문명의 상당 부분이 타격을 받을 것이기에 피해 예상은 사실 큰 의미가 없다.[42] 황제펭귄의 번식 실패는 바다 표면의 현상이지만 인간이 마주 대할 재앙은 바다 자체의 차오름이다. 해수면 상승에 따라 우리가 실패할 목록이 너무 많아 하나씩 상상하는 게 엄두가 나지 않는다.

1   https://seaworld.org/animals/all-about/penguins/hatching-and-care-of-young

2   Rachel Cooper. (2019.04.25). "'Breading failure' for thousands of emperor penguin chicks over last three years". ClimateAction

    Daily Sabah with AP. (2019.04.25). "Thousans of emperor penguin chicks drowned in Antarctica due to global warming: study". Daily Sabah

3   Rachel Cooper. (2019.04.25). "'Breading failure' for thousands of emperor penguin chicks over last three years". ClimateAction

    Daily Sabah with AP. (2019.04.25). "Thousans of emperor penguin chicks drowned in Antarctica due to global warming: study". Daily Sabah

4   https://onlinelibrary.wiley.com/doi/full/10.1111/gcb.15806

5   The conversation, (2022.6.7), 'Ice world: Antarctica's riskiest glacier is under assault from below and losing its grip'

6   NSDIC, 'What is a glacier?'

7   극지항해안전포털

8   NSDIC, 'What is a glacier?'

9   Bedmap2: improved ice bed, surface and thickness datasets for Antarctica (2013)

10 NSDIC, 'How do ice sheets form?'

11 NSDIC, 'What is a glacier?'

12 NSDIC, 'How do ice sheets form?'

13 Eric Rignot 외, (2019), Four decades of Antarctic Ice Sheet mass balance from 1979 - 2017

14 https://www.auroraexpeditions.com.au/blog/why-is-antarctica-colder-than-the-arctic/

15 하호경, 김백민 (2014) 극지과학자가 들려주는 기후변화 이야기, pp 44

16 https://www.coolantarctica.com/Antarctica%20fact%20file/antarctica%20environment/antarctic_arctic_comparison.php

17 https://climatekids.nasa.gov/polar-temperatures/

18 WWF, 'Why are glaciers and sea ice melting?'

19 IPCC, (2019), The ocean and cryosphere in a changing climate: a special report

of the Intergovernmental Panel on Climate Change

20 Australia state of the envrionment, https://soe.dcceew.gov.au/antarctica/
    environment/physical-environment

21 Alex, (2018), Increased West Antarctic and unchanged East Antarctic ice
    discharge over the last 7 years

    https://tc.copernicus.org/articles/12/521/2018/tc-12-521-2018.pdf

22 Australia state of the envrionment, https://soe.dcceew.gov.au/antarctica/
    environment/physical-environment

23 Eric Wolff et al.,(2024) . Abrupt Holocene ice loss due to thinning and
    ungrounding in the Weddell Sea Embayment, Nature Geoscience

24 https://www.climate.gov/news-features/features/antarctica-colder-arctic-
    it%E2%80%99s-still-losing-ice

25 https://[NSIDC].org/learn/parts-cryosphere/ice-shelves

26 IPCC, (2019), The ocean and cryosphere in a changing climate: a special
    report of the Intergovernmental Panel on Climate Change

27 https://www-nature-com-ssl.openlink.khu.ac.kr/articles/nature10968

28 IPCC, (2019), The ocean and cryosphere in a changing climate: a special
    report of the Intergovernmental Panel on Climate Change

29 H. D. Pritchard, (2012) Antarctic ice-sheet loss driven by basal melting of ice
    shelves, Nature

30 Earth.com, (2021.12.14), The Doomsday glacier is heading for dramatic change

31 International Thwaites glacier collaboration, Thwaites glacier Fact, https://
    thwaitesglacier.org/about/facts

32 T.A. Scambos, (2017), How much, how fast?: A science review and outlook for
    research on the instability of Antarctica's Thwaites Glacier in the 21st century

33 International Thwaites glacier collaboration, Thwaites glacier Fact, https://
    thwaitesglacier.org/about/facts

34 IPCC, (2022), SPECIAL REPORT: SPECIAL REPORT ON THE OCEAN AND
    CRYOSPHERE IN A CHANGING CLIMATE

35 Imperial College London (2022.06.09) Antarctic glaciers losing ice at fastest rate for 5,500 years, finds study/

36 Scott Braddock, (2022), Relative sea-level data preclude major late Holocene ice-mass change in Pine Island Bayy

37 Alex, (2018), Increased West Antarctic and unchanged East Antarctic ice discharge over the last 7 years

38 CNN, (2022.03.25), Antarctic ice shelf nearly the size of Los Angeles collapsed as temperatures soared to 40 above normal

39 Record de chaleur à la station Concordia, Antarctique: Plus de 40°C au-dessus des normales saisonnières !

40 Australia state of the envrionment, https://soe.dcceew.gov.au/antarctica/environment/physical-environment

41 https://agupubs.onlinelibrary.wiley.com/doi/full/10.1002/2017GL072937

42 https://iopscience.iop.org/article/10.1088/1748-9326/aac2f0/meta

CHAPTER

08

'설국열차'에서
탈출하기

지구온난화의 해법을 찾는
다양한 시도들

지구온난화 문제의 해법으로 지구 밖에 거울을 설치해서 태양광을 반사하면 어떨까. 만화책에나 나올 법한 이런 생각이 하버드 대학 프랭크 코이치 교수를 중심으로 한 연구진에 의해 추진되고 있다. 연구진이 구상한 SCoPEx Stratospheric Controlled Perturbation Experiment 프로젝트는 성층권에 탄산칼슘이나 황산염을 분사해 태양 복사 에너지를 반사하는 '우주거울' 층을 만드는 것이다.[1]

빌 게이츠가 후원하는 이 프로젝트[2]는 풍선 형태의 열기구를 지상 약 20km 대기 중으로 들어올려 100g에서 2kg 사이의 에어

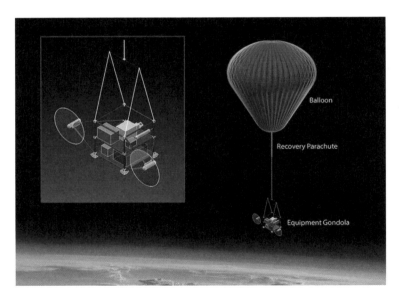

그림 8-1. SCoPEx 모델 상상도
ⓒ Keutsch Group

로졸을 방출하여 가로 세로가 약 1km×100m인 기단을 생성하는 것을 목적으로 한다. 만들어진 기단은 태양광의 복사 에너지를 반사하는 '우주거울'과 같은 역할을 하게 된다.[3]

지구 차원의 온난화 문제를 광대한 범위에서 획기적인 방법으로 해결하려는 흐름이 생겨나고 있는데 지구공학Geo-engineering이 대표적이다. 기후공학Climate engineering이라고도 하는 지구공학은 기후변화에 대응하기 위해 지구 자연 시스템에 인류가 의도적이고 대규모로 개입하는 것을 일컫는다.[4] 지구공학은 크게 '태양복사

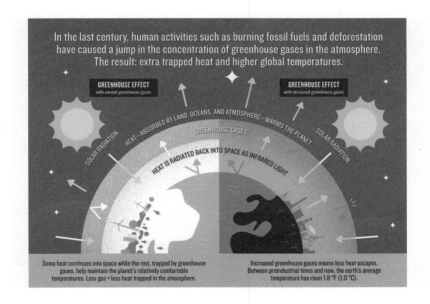

그림 8-2. 온실효과
ⓒ 자연자원방어위원회(NRDC)

관리SRM, Solar Radiation Management'와 '온실가스제거GGR, Greenhouse Gas Removal'의 두 범주로 구분된다.

태양복사관리의 가장 대표적인 아이디어는 코이치 교수 팀의 SCoPEx와 같은 성층권 에어로졸 분사다. 연구팀은 2021년 6월 [스웨덴우주국]이 운영하는 스웨덴 북쪽 이스레인지 우주센터에서 에어로졸을 실은 기구를 날릴 계획이었다. 그러나 스웨덴 환경 단체와 지역 주민 등의 반대로 시험 비행이 취소됐다. 생태학자들은 섣부른 지구온난화 해법이 영화 〈설국열차〉에서 묘사한 것과

그림 8-3. 피나투보 화산의 분출
ⓒ 미국지질조사국(USGS)

같은 지구냉각을 야기할 우려와 함께 지구 생태계에 미칠 영향이 검증되지 않았다는 이유로 반대하고 있다.

하늘에 특정 물질을 분사해 지구를 식힌다는 이른 바 '피나투보 효과'는 1991년 필리핀 피나투보 화산이 폭발하면서 대기로 분사된 황산염 에어로졸이 온도를 끌어내린 것에 착안했다. 피나투보 화산의 분화로 생긴 성층권의 에어로졸이 15개월 동안 지구 평균기온을 0.6℃ 하강하게 만들었다.[5] '피나투보 효과'를 적용한 대표적인 프로젝트 SCoPEx는 '양날의 칼'이 될 수 있다는 우려에 따라 잠정 보류된 상태이지만 지구온난화 추세가 심각한 만큼 언제든지 재추진될 가능성이 크다. 온실가스를 고통스럽게 줄이는 대신 지구에 도달하는 태양에너지를 줄인다는 거대 프로젝트여서 논란과 기대를 동시에 받고 있다. 운동하고 식사를 줄여서 살을 빼는 방법 대신 배 같은 곳의 지방을 흡입해 한 번에 감량하는 것과 같은 이치이기 때문이다.

빙하를 보호할 거대한 장벽

2022년 파키스탄에 '스테로이드 몬순'으로 명명된 폭우가 내리면서 국토의 3분의 1이 물에 잠기는 사태가 빚어졌다. '스테로이드 몬순'을 만들어낸 지구온난화는 해수면 상승까지 일으켜 파키스탄과 같은 저지대 국가를 협공하게 된다. 21세기 중반에 지구 표면 평균온도가 2℃ 오르면 해수면이 평균 20cm 정도 상승하고

2100년까지는 1m가량 높아질 전망이다.[6]

그린란드와 남극대륙의 빙하가 이번 세기 해수면 상승에 다른 어떤 요인보다 많은 기여를 할 것으로 분석된다.[7] 특히 '종말의 날 빙하'란 별명이 있는 남극의 스웨이츠 빙하는 미래 해수면 상승의 주요 원인으로 추정되며 현재 빠른 속도로 녹고 있다.[8] 극지방 바다에서는 소금 농도가 더 진한 따뜻한 해수가 깊은 곳에 흐르고 더 차갑고 담수에 가까운 물은 위쪽에 있다. 이 따뜻한 물이 빙하의 밑부분을 공략해 빙하가 불안정해진다.[9]

과학자들은 스웨이츠 빙하를 따뜻한 바닷물로부터 보호하는 거대한 수중 장벽 건설 프로젝트를 구상 중이다. 바위와 모래로 된 장벽은 온난한 해수가 빙하를 침식하는 것을 막아 빙하의 지반을 보호하게 된다. 용융속도 또한 떨어진다. 원리는 [그림 8-4]와 같다.

바다 밑에 건설될 장벽은 얼음의 엄청난 무게를 견딜 수 있을 만큼 튼튼해야 하며 정확한 위치에 배치되어야 한다. 벽의 크기는 빙하의 크기에 따라 달라진다. 스웨이츠 빙하와 같이 큰 빙하는 가로 세로 50km×300m가량의 장벽이 필요하다. 비교적 작은 규모인 그린란드 서부의 야콥스하운 빙하엔 가로세로 약 5km×100m의 벽으로 충분하다.[10] 장벽의 재료는 그린란드의 대륙붕에서 확보할 계획이다.[11]

스웨이츠 빙하의 인공장벽의 효과를 시뮬레이션한 결과 수중 장벽은 따뜻한 물이 빙붕에 도달하는 것을 약 70% 정도 차단했 해저 인공장벽의 원리는 다음과 같다.

1. 안정된 빙하에서는 해저에 있는 자연 장벽이 따뜻한 물로부터 빙상을 차단한다.

2. 빙붕(Ice shelf) 아래쪽으로 드러난 안쪽 경사면을 따라 흘러내리는 따뜻한 물이 빙붕을 깎아내려 불안정한 상태로 만든다.

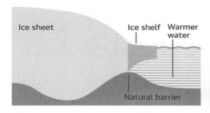

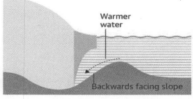

3. 따뜻한 물을 차단하기 위한 인공장벽(빨간색)을 건설하면 얼음이 녹는 속도가 떨어지며 빙붕이 두꺼워지고 바다까지 길게 이어질 시간을 벌어준다.

4. 만약 빙붕이 길게 이어져 인공장벽 위까지 도달할 수 있을 정도로 두꺼워진다면 빙하는 다시 질량을 회복하기 시작한다.

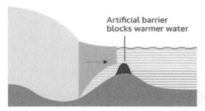

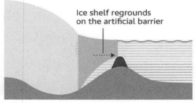

그림 8-4. 해저 인공장벽의 원리
ⓒ 유럽지구과학연합(EGU)

다.[12] 이에 따라 스웨이츠 빙하는 400세기 더 유지되고 서남극 빙상의 붕괴 또한 늦출 수 있을 것으로 추정됐다.[13]

인공장벽 건설계획은 이처럼 지연이지 예방은 아니다. 시간을 벌어줄 뿐 다른 지구공학 프로젝트와 마찬가지로 이산화탄소 배출량 자체를 줄이는 노력을 대신할 수는 없다. 따뜻해진 바다를 막아도 결국 따뜻한 대기가 빙하를 녹일 것이기 때문이다. 해양 생태계에 어떤 부정적인 영향을 미칠지가 검증되지도 않았다.[14]

🐻 앞으로 기후변화의 10년은 메탄에 달렸다

지구온난화와 관련하여 메탄의 효과가 과소평가됐다는 게 중론이다. 이산화탄소는 수백 년에서 수천 년까지 대기 중에 남아있기에 이산화탄소 배출량을 즉각적으로 줄여도 21세기 후반까지는 기후에 영향을 미치지 않는다. 하지만 메탄이 분해되는 데는 10년 정도가 걸린다. 당장 메탄 배출량을 줄이면 단기적으로 온실가스가 줄어드는 효과를 볼 수 있다.[15]

메탄은 자체로 강력한 온실가스인 동시에 지상 오존 형성에 주된 원인이다. 메탄의 지구온난화지수GWP, Global Warming Potential는 21로 같은 양의 이산화탄소 대비 21배 온난화 효과가 있다.[16] 또한 향후 20년 메탄은 이산화탄소보다 지구온난화에 80배 더 강력한 영향을 미칠 것으로 전망된다.

[유엔환경계획UNEP]과 [기후 및 청정대기연합CCAC, Climate & Clean Air Coalition]은 최근 농업 관련 메탄 배출량을 줄이는 것이 기후변화

와 싸움에서 핵심이라고 평가했다. 전 세계 메탄 배출량의 절반 이상이 주로 화석연료, 폐기물, 농업 등 인간의 활동에서 비롯한다. 인간 활동에서 비롯한 메탄 배출량 중 농업이 약 40%를 차지한다. 거름과 장내 발효로 인한 가축 배출량이 약 32%며 쌀 재배는 8%다.[17]

[유엔환경계획UNEP] 식량 시스템 및 농업 고문 제임스 로맥스는 "농작물 재배와 가축 생산에 관한 접근 방식부터 재고해야 한다"라면서 "새로운 기술을 활용하고 육식을 줄이며 대체 단백질원을 이용해야 한다"라고 말했다. 농업 부문의 메탄 배출량을 줄이기 위해서는 우선 건강하고 생산적인 목축 환경을 만들어야 한다. 동물에게 더 영양가 있는 사료를 제공해서 더 적은 것으로 더 많은 것을 효과적으로 생산해야 한다.[18]

무엇보다 육류 소비를 줄이는 것이 중요하다. 2022년 5월 《네이처》에 실린 연구에 따르면 향후 30년 내에 세계 소고기 소비량의 20%만 대체육으로 전환해도 삼림 벌채와 관련한 탄소 배출량을 절반으로 줄일 수 있다. 소고기 농장은 세계적으로 삼림 벌채의 가장 큰 요인이며 소가 메탄의 주요 배출원이기 때문이다.

2020년부터 2050년까지 인구, 소득 및 수요의 증가를 고려한 수학적 모델을 바탕으로 분석한 결과 지금처럼 소고기 소비의 세계적인 증가가 이어진다면 세계 전역의 연간 삼림 벌채 비율이 2배로 증가한다. 2050년까지 전 세계 소고기 소비량의 20%를 균류 단백질로 만든 대체육으로 전환하면 대체하지 않았을 때에 비해 메탄 배출량을 11%까지 줄이고, 연간 삼림 벌채와 이산화탄소 배출도 절반 이상으로 줄일 수 있다. 소고기의 80%를 대체육으로 바꾸면 메탄은 50% 가까이, 이산화탄소는 85% 가까이 줄어든다.[19]

대체육뿐 아니라 대체 사료를 이용하는 것도 메탄 배출량을 줄이는 효과적인 방법이 된다. 5개월 동안 소의 사료에 소량의 해초를 넣었을 때 소가 대기 중으로 내뿜는 메탄가스가 82%까지 줄었다.[20]

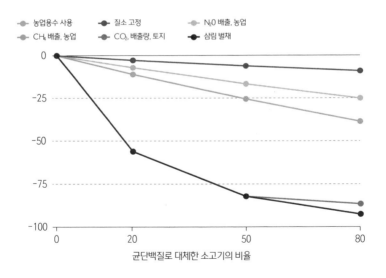

그림 8-5. 균단백질이 소고기를 대체한 비율에 따른 2050년까지
이산화탄소 배출량 등 주요 항목의 저감 예상 시나리오
© Nature

🐻 북극곰을 보호하기 위한 유일한 해결책은

[국제북극곰협회Polar Bears International]는 북극곰을 보호할 수 있는 유일한 방법은 이산화탄소를 비롯한 온실가스의 증가를 막는 것이라고 밝혔다.[21] 탄소 포집·활용·저장CCUS, Carbon Capture, Utilization and Storage 기술은 온실가스를 줄이는 핵심 기술로 평가받는다. 오늘날 전 세계 CCUS 시설은 매년 이산화탄소 4,000만 톤 이상을 포집할 수 있는 능력을 갖췄다.[22]

직접공기포집DAC, Direct Air Capture은 대기 중 이산화탄소를 바로 잡아채는 기술이다. 포집한 이산화탄소는 파이프라인, 선박 등에 의해 압축 및 운송되어 다양한 용도로 사용된다. 수소와 결합되어 식품 가공이나 합성 연료를 생산하는 데 사용되기도 한다. 또한 깊은 땅 속에 주입하여 사실상 영구적으로 격리할 수 있다.[23] [국제에너지기구IEA, International Energy Agency]는 석탄, 천연가스, 산업 공정, 바이오매스, DAC의 분야에서 2050년까지 연간 50억 톤 이상, 2070년까진 100억 톤 이상의 이산화탄소를 포집할 수 있을 것으로 예상했다.

'조류 농장Algae Farm'은 DAC의 유망한 사례로 꼽힌다. 대표적인 조류에는 미세 조류인 식물 플랑크톤과 대형 조류인 해초가 있다.[24] 글로벌 조류 이노베이션Global Algae Innovation은 미국 캘리포니아주의 쉔던에 약 20만 평의 조류 농장을 지을 예정이다. 원리는 간단하다. 광합성을 하는 조류의 특성을 이용해 공기 중 이산화탄소를 포집해 조류에 고정시킨다.[25] 조류 농장에서 수확한 조류는 기름과 단백질로 분리되어 고분자 제품, 연료, 음식, 사료 등 다양한 제품을 만드는 데 이용된다. 고분자 제품은 이산화탄소를 수백 년 동안 격리할 수 있다.[26] 이산화탄소 직접 포집 외에 조류는 이처럼 사료와 바이오 연료로 전환돼 추가로 이산화탄소를 줄일 수 있다.

이산화탄소를 석유 및 가스의 매장층에 저장하는 석유회수증진(EOR) 기술은 화석연료 생산과 관련되어 순수성을 의심받고 있지만, 이미 현장에서 사용되고 있다.[27] 오늘날 미국에서 석유를

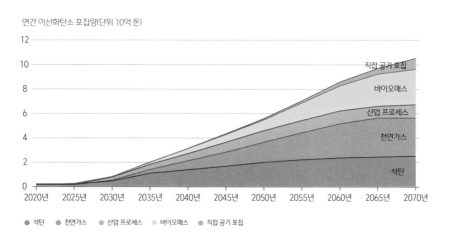

그림 8-6. [IEA]의 탄소중립 로드맵에 의하면 2070년 CCUS의 연간 탄소 감축량은 100억 톤을 상회할 것으로 추정된다.
ⓒ IEA

그림 8-7. Global Algae에 있는 조류 농장
ⓒ Global Algae

생산할 때 배럴당 이산화탄소 300~600kg을 석유회수증진을 통해 매장층에 주입해 격리한다. 1bbl(배럴)의 석유가 연소될 때 약 400kg의 이산화탄소가 배출되고 석유 생산, 가공 및 운송 과정에서 평균 약 100kg의 이산화탄소가 배출되는 것을 고려하면, 석유 생산 과정 전반에서 이론상 넷제로 또는 탄소 역배출을 달성할 가능성이 있음을 시사한다.[28]

이산화탄소를 다양한 제품 안에 넣어 격리하려는 시도가 늘어나고 있다. 이산화탄소를 주입하거나 화학반응을 일으켜 만든 건축자재는 이산화탄소를 영구적으로 격리함으로써 사실상 제거한다. 콘크리트 제조 과정에 이산화탄소를 이용하면 시멘트 함량을 약 5% 줄일 수 있어 경제적인 이점이 있고, 더 강화한 콘크리트를 얻을 수 있다.[29]

지구공학이나 CCUS가 지구온난화 문제의 해결사가 될 수 있을까. 기대를 걸지 않을 이유가 없지만 우리 인류의 문제의 근본 원인이 탐욕인 것을 떠올리면 문명 구조의 근본적 개조 없이는 어떤 찬란한 기술도 미봉책에 그치지 않을까 하는 직관을 떨굴 수가 없다.

1   https://www.keutschgroup.com/scopex

2   https://www.forbes.com/sites/arielcohen/2021/01/11/bill-gates-backed-climate-solution-gains-traction-but-concerns-linger/?sh=632966f3793b

3   https://www.forbes.com/sites/arielcohen/2021/01/11/bill-gates-backed-climate-solution-gains-traction-but-concerns-linger/?sh=632966f3793b

4   http://www.geoengineering.ox.ac.uk/www.geoengineering.ox.ac.uk/

5   https://earthobservatory.nasa.gov/images/1510/global-effects-of-mount-pinatubo

6   John C. Moore외 3명. (2018.03.14). "Geoengineer polar glaciers to slow sea-level rise". Nature

7   John C. Moore외 3명. (2018.03.14). "Geoengineer polar glaciers to slow sea-level rise". Nature

8   Charles Corbett. (2019.12.06). "Glacial Geoengineering and Law of Antarctica". Legal Planet

9   David Cox. (2018. 03.29.) "Two audacious plans for saving the world's ice sheets". Mach

10   David Cox. (2018. 03.29.) "Two audacious plans for saving the world's ice sheets". Mach

11   John C. Moore외 3명. (2018.03.14). "Geoengineer polar glaciers to slow sea-level rise". Nature

12   Fiona Harvey. (2018.09.20.). "Build walls on seafloor to stop glaciers melting, scientists say". The Guardian

13   David Cox. (2018. 03.29.) "Two audacious plans for saving the world's ice sheets". Mach

14   John C. Moore외 3명. (2018.03.14). "Geoengineer polar glaciers to slow sea-level rise". Nature

     Charles Corbett. (2019.12.06). "Glacial Geoengineering and Law of Antarctica". Legal Planet

15   UNEP. (2021.08.20.) "Methane emissions are driving climate change. Here's how to reduce them"

16 https://www.ccacoalition.org/en/slcps/tropospheric-ozone

17 CCAC, UNEP. (2021). [Global Methane Assessment (full report)] pp 9

18 UNEP. (2021.08.20.) "Methane emissions are driving climate change. Here's how to reduce them"

19 Giorgia Guglielmi. (2022.05.04). "Eating one-fifth less beef could halve deforestation". Nature

20 Oliver Milman. (2021.03.18.) "Feeding cows seaweed could cut their methane emissions by 82%, scientists say". The Guardian

21 Mrinalini Erkenswick Wasta. (2014.10.08). "The only solution for polar bears: 'stop the rise in CO_2 and other greenhouse gases". Mongbay

22 https://www.iea.org/reports/about-ccus

23 https://www.iea.org/reports/direct-air-capture

24 Kris Walker. (2013.11.06.) "What are Algae Farms?". AZO Cleantech

25 https://www.globalgae.com/climate

26 https://www.globalgae.com/copy-of-join-us

27 한국에너지기술연구원. (2021.). [CCUS 심층 투자 분석 보고서]. pp 39

28 Christophe McGlade. (2019.04.11.). "Can CO_2-EOR really provide carbon-negative oil?". IEA

29 Zoe Corbyn. (2021.12.05.). "From pollutant to product: the companies making stuff from CO_2". The Guardian

CHAPTER

09

제2의 팬데믹,
빙하에서 온다

**영구동토층이 녹으면 얼어 있던
수만 년 전 바이러스가 부활한다**

빙하 속에 갇히거나 실험실에 숨겨져 있던 고대 병원체가 풀려나 인류에게 끔찍한 재앙을 일으킨다는 상상은 여러 세대의 공상 과학 소설가와 현대의 시나리오 작가에게 유익한 영감의 원천이었다. 인간의 발병이 새로운 환경이나 낯선 동물과 접촉하며 일어날 수 있다는 건 잘 알려진 사실이다. 유럽인의 아메리카 상륙 사건에서 보듯, 낯선 동물엔 인간이 포함된다.

기후위기와 함께 최근에는 인간과 낯선 병원체 사이의 새로운 접촉 가능성의 우려가 커지고 있다. 수천 년에 걸쳐 인류문명에 자연적 장벽으로 작용했던 것들이 무너질 위협에 처했기 때문이다. 영구동토층(永久凍土層)permafrost은 자연적 장벽의 대표 사례다. 영구동토층은 최소 2년 연속으로 0℃ 이하 온도를 유지하는 지반 또는 암석을 말한다.[1] 영구동토층의 면적은 지구 육지의 14%에 해당하는 2,100만㎢에 달한다. 주로 북극의 고위도에서 위치한다. 북극해의 해수면 아래 대륙붕에는 해저영구동토가 있다.

육지와 지상의 영구동토는 오래된 유기탄소 퇴적물을 함유한다. 이곳에는 현재 대기에 이산화탄소로 존재하는 탄소보다 최소 2배 많은 탄소가 묻혀 있어 기후위기 시대의 시한폭탄이기도 하다. 영구동토층에 갇힌 탄소가 메탄과 이산화탄소로 배출되면 대기 중 온실가스 농도가 높아지고 따라서 대기온도 또한 상승한다. 대기온도가 오르면 동토가 더 녹아 다시 더 많은 양의 메탄과 탄소가 분출하는 양의 되먹임이 일어난다. 지구온난화를 가속하는 방아쇠가 영구동토층에 묻혀 있는 셈이다.[2]

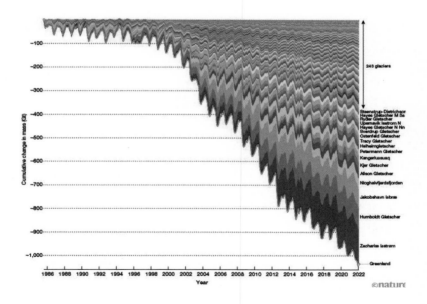

새로운 위기

미국 캘리포니아 공과대학 [제트추진연구소] 채드 A 그린 박사는 영구동토층을 덮은 얼음이 얼마나 녹았는지를 정확하게 알아내기 위해 인공지능(AI) 매핑 기술을 사용하여 1985~2022년에 그린란드 빙상의 종단(終端) 지점 23만 6,328개를 추적했다. 38년에 걸쳐 월 단위로 그린란드 빙상 면적의 변화를 120m 수준으로 연구한 결과 1985년과 2022년 사이에 약 5,000㎢ 넓이의 얼음이 없

그림 9-1. 1986년 이후 빙상 손실로 인한 그린란드 빙상 누적 질량 변화
© Chad A. Green

어졌다는 것이 밝혀졌다. 약 1조 톤의 무게에 해당한다.[3][4]

이 연구는, 그린란드 빙상이 2003년 이후 매년 약 2,210억 톤이 소실됐다는 이전 연구들보다 연간 약 430억 톤이 추가로 녹았다는 사실을 밝혔다. 기존 연구 추정치보다 얼음이 20% 더 많이 녹은 것이다. 기존 연구가 발견하지 못한, 해수면 아래의 피오르드fiord(협만, 빙하로 만들어진 좁고 깊은 만)를 채운 얼음을 찾아내 이 얼음이 녹았음을 확인했다. 과거 얼음이 차지했던 바다 밑 공간은 이제 바닷물로 채워졌다.[5]

그린란드에서 목격하듯 영구동토층에서 얼음이 녹으면 해수면 상승, 담수의 부족, 서식지 파괴, 탄소 방출 등의 문제를 일으킨다.[6] 그러나 현재의 문제 목록에 오르지 못한 다른 문제가 어쩌면 더 치명적인 위협이 될지도 모른다.

미생물 냉장고가 녹고 있다

영구동토층이 빠른 속도로, 또 방대한 규모로 녹고 있다. 그 과정에서 몇 천 년 동안 얼음 안에 휴면 상태로 갇혀 있던 막대한 양의 미생물을 방출하고 있다. 2013년 영국 에버리스트위스 대학 [빙하학 센터CfG]의 계산에 따르면 담수에는 ml당 약 1.3×10^{25}개 미생물이, 빙하에는 ml당 무려 3.5×10^{29}개[7] 미생물이 존재한다.[8] 툰드라 및 고산 토양에는 ml당 2×10^{28}개의 미생물이 존재한다고 추정했다. 이 추정치에 의하면 빙하에는 담수보다 약 2만

3,000배, 툰드라 및 고산 토양보다 약 15배 많은 미생물이 있다. 추정치에 오차가 있을 수 있으나, 그럼에도 불구하고 빙하에 천문학적 규모의 미생물이 살고 있다는 사실을 확고하게 보여준다. 영구동토층을 포함한 빙하 생태계는 미생물의 주요 저장소다.[9] 콜롬비아 로스안데스 대학의 미생물학자 루이스 안드레스 야르자발이 가까운 미래에 빙하에 갇힌 미생물 혹은 바이러스가 얼음이 녹으며 대량으로 방출돼 지역 전염병으로 이어질 수 있음을 경고했다.[10] 현재 영구동토층에서 매년 4 섹스틸리언Sextillion(10^{21})개의 미생물이 방출되고 있다.

2021년 미국 오하이오 주립대학 미생물학자 지핑 종과 동료들은 중국 티베트고원의 얼음 표본에서 약 1만 5,000년 된 미생물 968종을 발견했다. 분석 결과, 빙하는 수만 년에서 수십만 년에 걸쳐 생존한 미생물을 보존하고 있으며, 발견된 미생물들은 추운 환경에 대한 유전체 적응이 가능해 미래에 빙하가 녹으면 되살아나 현 생태계에 유입될 가능성이 충분했다.[11] 종 박사는 티베트 빙하에서 채취한 얼음 코어에서 미생물을 찾았다.

티베트 빙하는 중국의 양쯔강과 황하, 인도의 갠지스강에 물을 공급한다. 모두 세계에서 인구가 가장 많이 사는 지역으로 흐르는 강이다. 해빙으로 방출된 미생물이 물과 함께 강과 도시로 이동해 인구 밀집 지역에 도달한다면 심각한 사태를 야기할 수 있다. 2020년 종 박사와 함께 사전 연구에 참여한 빙하학자인 로니 톰슨은 "우리는 이러한 극한 환경에 존재하는 바이러스와 미생물에 대해 거의 알지 못하며, 그곳에 실제로 무엇이 있는지조차 모른다"라며 "세균과 바이러스가 기후변화에서 어떻게 반응하는지에 관한 연구와 이해가 매우 중요하다"라고 말했다.[12] 현 인류는 고대 미생물에 대해 내성을 갖거나 백신을 보유하고 있지 않기에, 빙하 바이러스의 출현은 미증유의 재앙으로 비화할 가능성을 배제하지 못한다.

빙하 바이러스가 인류를 포함한 지구 생태계 전체에 위협이 될 것이라는 연구결과가 있다. 2023년 핀란드 헬싱키 대학, 미국 미시간 대학 등 국제연구팀이 고대 바이러스와 현대 세균이 어떻게

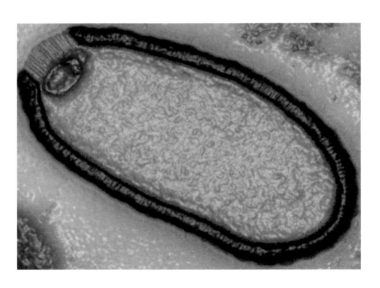

그림 9-2. 영구동토층에서 분리한 피토바이러스의 컴퓨터 확대 이미지
© Jean-Michel Claverie/IGS/CNRS-AM

상호작용하는지 AVIDA라는 디지털 모델링을 통해 관찰했다. 고대 바이러스가 현대 세균 군집의 종 다양성에 어떤 영향을 미치는지를 수 만 번의 시뮬레이션을 통해 살펴본 결과, 연구에 사용된 고대 바이러스 1%가 현대의 세균 종 다양성을 최대 32% 감소시키는 등 큰 혼란을 일으켰다. 시뮬레이션 속에서 세균의 32%가 죽었다는 뜻이 아니라 세균 생태계 다양성의 32%가 줄었다는 의미이다.

시뮬레이션 속에서 일부 고대 바이러스가 현 생태계에서 경쟁한 끝에 생존 및 번식에 성공해, 기생충처럼 숙주를 통해 에너지를 얻고 숙주로 이용된 일부 세균이 영향을 받으면서 현대 세균의 종 다양성이 감소한 것으로 나타났다. 숙주는 생존이나 번식에 필요한 에너지를 얻을 수 없었고 결국 사멸했다. 연구진은 성공적으로 현대 생태계에 정착한 일부 고대 바이러스가 시간이 지나도 죽지 않고 심지어 진화하기도 했다고 밝혔다.[13] [14]

수만 년 동안 죽지 않은 좀비 바이러스

3만 년을 동면 상태로 지내다가 되살아나서 아메바의 일종인 아칸타메바Acanthamoeba를 감염시킨 피토바이러스 시베리쿰Pithovirus Sibericum은 샹탈 아베르젤 교수가 이끄는 프랑스 엑스 마르세유 대학 연구팀이 발견했다. 2014년 연구팀이 새로운 바이러스를 찾기 위해 이전에 탐험되지 않은 러시아 북동부의 오지 추코트카

Chukotka 지역에 도착했고, 아누이강의 둑에 있는 노두를 60m나 뚫었다.[15] [16] 이때 채취한 영구동토층 토양의 샘플에서 얼어붙은 피토바이러스를 찾아냈다. 이 미생물은 해동하자 살아났다. 자그마치 3만 년 동안 생명력을 보전한 피토바이러스를 발견한 것이다.

피토바이러스는 몸체의 길이가 1.5μm(마이크로미터[17])이고 직경이 500nm(나노미터[18]) 이며 60nm 두께의 보호 단백질 코팅으로 둘러싸여 수만 년을 살아 남았다. 피토바이러스는 이전에 발견된 고대 바이러스인 판도라바이러스Pandoravirus보다 약간 더 크며 물리적 유사성을 갖고 있지만 게놈을 구성하는 염기쌍은 61만 개로, 280만 쌍인 판도라바이러스 게놈보다 적다.

피토바이러스는 몸체의 한쪽 끝이 특정한 형태로 밀봉되어 있는 것처럼 보이는 플라스크 모양이다. 이러한 모양에 착안하여, 신이 판도라에게 준 항아리인 암포라[19]를 가리키는 그리스어 Pithos를 딴 이름을 붙였다. 판도라바이러스와 분리되지만 연관성을 가진 작명이다.[20]

실험 결과 이 고대 바이러스는 여전히 전염성이 있는 것으로 밝혀졌다. 털매머드와 검치호랑이가 지구를 배회하던 시절에 활약하다가 동면에 들어가 3만 년만에 부활한 이 바이러스가 다시 왕성한 생명력을 드러내 연구자들을 놀랍게 했다.[21] 피토바이러스를 발견한 연구팀의 일원인 프랑스 [국립과학연구센터CNRS, Centre National de la Recherche Scientifique] 장 미셸 클라베리는 "이렇게 오랜 시간이 지난 후에도 여전히 전염성이 있는 바이러스를 본 것은 이번

이 처음"이라고 말했다.[22]

아베르젤과 클라베리 등은 영구동토층에서 고대 바이러스 6종 (판도라바이러스 4종, 미미바이러스 1종, 팩맨바이러스 1종)과 매머드 유골의 위와 털에서 피토바이러스 1종 등을 포함해 13종의 고대바이러스를 추가로 발견해 2022년 발표했다. 이 바이러스들은 최소

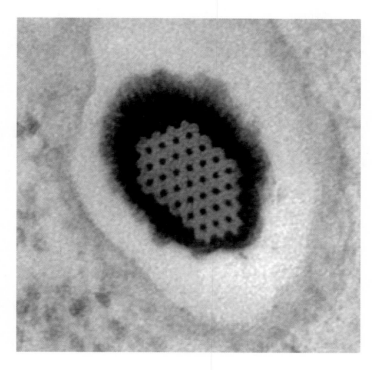

그림 9-3. 피토바이러스의 전자 현미경 이미지
© Julia Bartoli & Chantal Abergel/Génomique et Structurale/CNRS-AMU

2만 7,000년에서 최대 4만 8,500년을 살아 남았고 이들은 모두 현재 아칸타메바를 감염시킬 수 있다.[23]

피토바이러스와 같은 고대 바이러스가 감염시킨 대상이 인간이나 동물이 아닌 아칸타메바인 것은 다행스럽지만 꼭 낭보가 아닐 수 있다. 영구동토층에서 나온 고대 바이러스가 아칸타메바만 감염시킬 수 있다는 것이 아니라, 연구진이 검출한 바이러스가 우연히 아칸타메바를 감염시키는 바이러스였다는 뜻이기 때문이다. 아칸타메바는 토양, 담수, 해수와 같은 자연환경에서 어디에나 존재하고 먼지 입자, 웅덩이, 수도꼭지, 싱크대 배수구, 화분, 수족관, 하수 및 의료환경(수압 요법 욕조, 치과 관개 장비, 가습기, 냉각시스템, 인공 호흡기 및 중환자실)에서도 서식하는 아메바다.[24]

2024년 초 가디언과 인터뷰에서 클라베리 교수는 "우리가 분리한 바이러스는 아메바만 감염시킬 수 있었고 인간에게는 위험을 초래하지 않았다. 그러나 이것이 현재 영구동토층에 얼어 붙어 있는 다른 바이러스가 인간에게 질병을 유발할 수 없다는 것을 의미하지는 않는다"라고 말했다. 인류가 고대 바이러스에게 감염될 가능성이 낮아 보일 수 있지만, 여전히 심각한 가능성으로 취급되어야 함을 강조했다.[25]

영구동토층에서 고대 바이러스를 연구하는 사람들은 표본을 채취하기 위해 현장을 방문할 때 고대 바이러스 감염을 피하기 위해 철저히 예방 조치를 한다. 현장에서 보호 장비를 착용하고 실험실에서도 생물 안전 준칙을 엄격하게 따르며 멸균 조건 하에서 표본을 다루며 연구한다. 연구진에 의해 고대 바이러스가 세상으로 유출되지 않게 하려는 대책이다.

클라베리는 다른 그린란드 방문 연구진들이 인간에게 발병을 일으킬 가능성이 있는 병원체를 되살리려고 시도하지 않기를 바란다면서 아메바를 감염시키는 바이러스에 초점을 맞추기로 결정했다고 말했다. 그리고 VEO^{Versatile Emerging infectious disease Observatory}라는 유럽 컨소시엄 등 북위도 온난화가 전염병에 미치는 영향을 연구하는 많은 연구자가 영구동토층에서 위험한 병원균을 발견한다면, 그린란드는 관광 방문이 폐쇄되고 고고학적 발굴이 중단될 수 있다며 이러한 일이 절대 일어나지 않을 것이라고 확정할 수 없다고 말했다.

영구동토층의 연대 확인엔 탄소연대측정법을 이용했다. 탄소연대측정법은 약 5,730년인 탄소-14의 반감기를 통해 최대 6만 년까지 연대를 측정할 수 있다. 많은 과학자가 영구동토층의 가장 깊은 수준에 최대 100만 년 된 바이러스가 숨어있을 수 있다고 예측한다. 이것은 약 30만 년 전에 출현한 것으로 여겨지는 인간 바이러스 종 보다 훨씬 오래된 것이고 그 바이러스들의 일부는 인간의 면역체계와 접촉한 적이 전혀 없다.[26]

'빙하 탄저균'으로 인간이 목숨을 잃다

2016년 여름 러시아의 최북단 지역인 야말 반도에서 순록 사이에 대규모 탄저병이 발생하여 2,650마리가 감염되었고, 그중 2,350마리가 사망했다. 목동들은 "병에 걸린 순록들이 무기력해져 천천히 움직이다가 갑자기 흥분하더니 죽었다"고 진술했다.[27] 러시아의 한랭한 지역에서 순록이 탄저병에 걸린 게 처음은 아니다. 100여 년 전 시베리아에서 탄저병이 창궐하여 순록이 계속해서 죽었고 이에 따라 옛 소련 정부는 1930년 순록에 대한 탄저병 예방접종을 시작했고, 2007년에 백신 접종프로그램을 종료했다.[28]

이 질병은 1941년 이 지역에서 마지막으로 목격되었으며 1968년에 공식적으로 "탄저병 없는" 지역으로 선언되었다.[29] 그러나 유난히 따뜻한 날씨로 빙하가 녹으면서 그 안에 있던 탄저균이 방출하며 2016년에 다시 탄저병이 발발한 것으로 파악됐다.[30] 탄저병에 직접적으로 영향을 받거나 병에 걸린 순록과 접촉하여 36건의 인간 감염 사례가 발생했고 그 가운데 12세 소년이 숨졌다.[31]

인근 지역 주민들은 격리 구역으로 대피할 수밖에 없었다. 당시 야말로-네네츠 자치주 드미트리 코빌킨 주지사는 "병원에서 한 남자아이가 사망했다는 소식을 들었다. 위험에 처한 모든 사람의 생명을 구하기 위해 노력했으나 감염병의 교활함을 이기지 못했다"라고 말했다.[32]

빙하가 녹으면서 튀어나온 탄저균으로 인한 2016년의 순록 집단 폐사 사례는 폐사한 개체수가 많다는 점에서 더욱 주목받았다. 같은 해 8월에 노르웨이 남부의 하르당에르비다 고원에서 벼락으로 순록 300여 마리가 죽은 사례가 있었다.[33] 빙하 바이러스로 인한 순록 폐사 개체수가 벼락으로 인한 폐사 개체수의 약 8배에 달했다.

순록의 탄저균 백신 접종 효과를 평가하기 위한 2007년의 연구에 따르면 814개 표본에서 89%가 탄저균에 내성을 나타낼 만큼 순록 군집 내에 충분히 높은 수준의 항체가 존재했다. 2016년

그림 9-4. 순록
ⓒ pixabay

여름 비정상적으로 높은 온도로 그곳의 영구동토가 녹으면서 얼어 있던 '바실러스 안트라시스(탄저균 바이러스)' 포자가 비산해 그중 일부가 부활했고 대규모 발병으로 이어졌다.[34] 순록에게 탄저병 항체가 충분하다고 판단해 접종을 중단한 후 빙하에 격리돼 있던 탄저균이 온난화로 등장하자 탄저병에 면역이 없는 순록들이 희생된 셈이다.

빙하가 녹으면서 동토를 뚫고 나타난 탄저균에 순록뿐 아니라 인간까지 목숨을 잃었다. 탄저균이 아닌 고대 바이러스의 등장과 확산 또한 같은 경로로 이루어질 수 있다. 코로나에 이은 다음 팬데믹은 빙하로부터 발생할지도 모른다.

이제는 빙하 바이러스에도 주의해야 할 때

면역(免疫)이란 몸속에 들어온 병원(病原) 미생물에 대항하는 항체를 생산하여 독소를 중화하거나 병원 미생물을 죽여서 다음에는 그 병에 걸리지 않도록 된 상태를 말한다. 새로운 바이러스에는 면역이 있을 수 없다. 미지의 대상이기 때문이다. 빙하 바이러스 또한 마찬가지다. 백신이나 치료제 개발 또한 오랜 시간이 소요되어 위기 대처에 어려움을 겪을 수 있다.

[유럽우주기구ESA]가 [미국항공우주국NASA]과 공동으로 연구해 2021년 발표한 〈북극 영구동토층 파괴로 인한 생화학적 위험〉 보고서는 북극의 영구동토층이 빠르게 녹으면 고대 바이러스 외에 항생제 내성 세균, 핵 폐기물의 방사능, 기타 우려되는 화학 물질

이 방출될 가능성이 생긴다는 사실을 확인했다.[35] 보고서는 시베리아 영구동토층 깊은 곳에서 추출한 100종 이상의 다양한 미생물이 항생제에 내성을 보였다고 밝혔다. 영구동토층이 녹으면서 항생제 내성을 가진 세균이 녹은 물과 혼합해 새로운 항생제 내성 균주가 생성될 가능성이 있다. 빙하 녹은 물이 많이 유입되는 곳일수록 바이러스 감염 위험이 큰 것으로 분석됐다.[36]

또 다른 위협은 산업혁명이 시작된 이후 영구동토층에 유입된 화석 연료 부산물과 현재 사용 금지된 다양한 오염물질, 살충제인 DDT와 같은 화학 물질이 대기를 통해 북극으로 이동하여 영구동

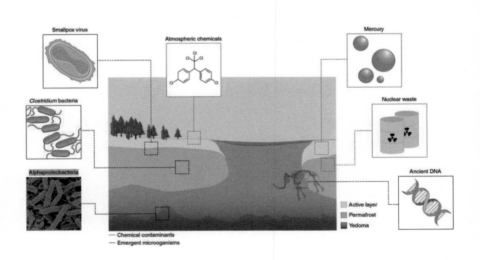

그림 9-5. 북극 영구동토층 용해의 위험
ⓒ 유럽우주기구(ESA)

토층에 갇혔다가 온난화로 대기에 방출되는 사태다. 영구동토층에는 수천만 헥타르에 걸쳐 비소·수은·니켈을 포함한 천연 금속 매장지가 있어 이미 수십 년 동안 금속을 채굴하는 과정에 화학물질을 사용해 심각한 오염을 일으킨 바 있다.

또한 지난 70년 동안 1,000개 이상의 자원 개발, 군사 및 과학 프로젝트 등이 영구동토층에서 이뤄졌다. [ESA]와 [NASA]의 북극 영구동토층 연구진은 "지금까지 영구동토층에서 방출되었을 가능성이 있는 미생물과 화학물질의 위험성을 제대로 파악하거나 정량화한 적이 없었다"며 지역주민이 많은 미생물과 화학물질과 이미 접촉하여 지역 외부로 유출했을 가능성을 우려했다.[37]

1955년 러시아 북서부 해안에서 옛 소련이 핵무기 실험을 시작한 이후 1990년까지 총 130회에 이르는 핵실험이 러시아에서 이뤄졌다. 설상가상으로 해안 인근 해저에서는 수십 척의 핵잠수함이 사고로 침몰해 있어 일대가 거대한 핵폐기물로 뒤덮여 있을 것으로 추정된다. 70년 가량 세월이 흐르며 오늘날까지 이 지역에 침전된 방사능 물질이 영구동토층으로 유입되었을 가능성이 크다. 은밀하게 숨겨진 핵 폐기물과 방사능 물질이 지구온난화를 통해 은폐를 뚫고 사람들 앞으로 나서고 있다.[38]

🐻 인수공통감염

빙하 바이러스가 야생동물을 감염시킨 다음 인간에까지 퍼질 수 있다는 시나리오가 있다. 2016년 러시아 야말 반도의 순록 떼

죽음 사건이 가장 가까운 예라고 볼 수 있다.[39] 현재 야생동물 생태계에 인간을 감염시킬 수 있는 바이러스가 1만 종 이상 존재한다. 과거 50년 동안 수많은 전염병이 동물에서 사람으로 전염되며 급속하게 확산됐다. 1980년대 후천성 면역 결핍 증후군(HIV/AIDS) 위기는 고등 유인원에서 비롯됐으며 2004~2007년의 조류 독감은 새, 2009년 유행성 독감은 돼지, 에볼라는 쥐에서 비롯됐다. 중증급성호흡기증후군(SARS)는 사향 고양이를 거쳐 박쥐가 인간에 전파했다.[40]

2020년 발생한 코로나19 바이러스의 유래에 대해서는 논란이 있지만 이후 연구에서 중국 윈난성 남부에 약 40종 박쥐가 추가로 유입하며 약 총 100종 박쥐의 매개로 이 지역에서 코로나19 바이러스가 발생했을 가능성이 높다는 연구결과가 우세하다.[41]

지구온난화로 앞으로 50년 동안 '인수공통감염(사람 동물간 교차감염)'이 약 1만 5,000건 발생할 것이라는 전망이 있다. 2022년 미국 조지타운 대학 콜린 칼슨과 그레고리 앨버리 교수 연구팀이 다양한 지구온난화 시나리오에서 동물 분포 변화와 인간과 상호작용 등을 토대로 이종 간 바이러스 교차감염 가능성을 분석해 이같이 전망했다.

연구팀은 2070년까지의 다양한 지구온난화 시나리오(RCP SSP1-RCP2.6~SSP5-8.5[42])와 농업·도시개발을 위한 열대우림 파괴 등 토지 이용 변화를 변수로 적용해 포유동물 3,870종의 서식지 이동과 인간 접촉으로 인한 바이러스 감염 가능성 등을 분석했다. 현재 존재하는 인수감염 바이러스가 1만 종 넘게 존재하지만 비교적 최근까지 이 동물과 인간과 접촉할 기회가 많지 않아 눈에 띄는 교차감염이 적었다. 하지만 기후변화로 동물이 서식지를 옮기고 농업과 도시 확장을 위한 서식지 개발이 진행되면서 동물과 사람의 접촉이 늘어나고 바이러스 교차감염 위험이 커졌다.[43] 문제는 산업화 이전 대비 2100년까지의 지구평균기온 상승폭을 2℃ 이내로 억제해 기후변화 대응이 상당히 성공적으로 이루어진 조

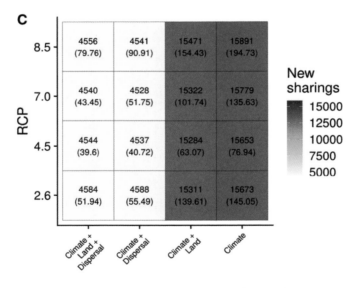

그림 9-6. 지구온난화 시나리오에 따른 인수감염 건 수 전망
ⓒ 콜린 칼슨

※ X축: 기후변화, 토지 이용, 동물 분포 조건
※ Y축: 지구온난화시나리오 SSP1-RCP 2.6, SSP2-RCP 4.5, SSP3-RCP 7.0, SSP5-RCP 8.5

건에서도 바이러스 수가 줄어들지 않을 것이라는 예측이다. 지구 온난화에 의한 빙하 바이러스의 출현이라는 변수를 더한다면 인수감염 바이러스의 발생 가능성은 더 커지게 된다.

빙하 바이러스가 동물에게만 영향을 주고 인간을 감염시키지 않는다고 해도 안심할 수 없다. 수많은 동식물 종 중에서 단 몇 개의 동물 종을 감염시켜도 생태계 그물망에 큰 영향을 미치게 된다. 빙하 바이러스는 생태계 구성원에 연쇄적인 영향을 미치며 직접 감염되는 동물뿐 아니라 연결된 다른 동물에게까지 영향을 주는 보이지 않는 힘을 가진다. 빙하 바이러스의 보이지 않는 힘은 결국 인간에게도 큰 위협이 된다.

현재 인류가 할 수 있는 일이 많지는 않다. 빙하와 영구동토층의 변화 및 미생물 활동을 지속적으로 모니터링하고, 새로운 병원체 출현을 초기에 감지하여 백신 및 치료제를 개발하는 정도가 가능한 실질적인 대응이다. 클라베리 교수가 이끄는 연구팀은 극지방의 국제 교육 네트워크인 [북극대학UArctic][44]과 협력하여 격리 시설을 설립해 새로운 바이러스의 초기 사례를 정확히 파악하고, 감염 억제와 현지 치료를 위한 전문 의료 지식을 제공할 계획을 세우고 있다.[45]

네덜란드 로테르담에 있는 에라스무스 의료 센터의 바이러스학자 마리온 쿠프만스Marion Koopmans는 "영구동토층에 어떤 바이러스가 존재하는지 모르지만, 고대 형태의 소아마비와 같은 질병을 발병케 할 바이러스가 있을 실질적인 위험이 있다고 생각한다. 이

런 일이 일어날 수 있다고 가정해야 한다."고 말했다.[46]

미국 [질병통제센터CDC, Centers for Disease Control & Prevention]의 생물안전등급은 병원체의 위험도에 따라 1~4단계로 나뉜다. 가장 치명적인 에볼라바이러스, 천연두바이러스를 4등급으로 분류하지만 [NASA]에서는 미지의 외계병원체를 가장 높은 5등급으로 정했다. 공상과학 영화를 보면 우주로부터 전달된 외계병원체가 인류를 멸망시키거나 역으로 지구를 침공한 외계인들이 전투 아닌 병원체로 인해 퇴각하는 장면이 있다. 면역력이 없는 지구인 또는 외계인에게 한 번도 접한 적 없었던 세균 또는 바이러스는 핵폭탄에 못지 않은 위협이다. 빙하 바이러스는 외계병원체처럼 두려운 존재다.[47]

이제는 지구온난화 문제를 논의할 때 빙하 바이러스 또한 핵심 의제로 논의 테이블에 올려야 한다. 우리는 비가시적인 위협에 직면해 있으며 이 위협에 대처할 준비를 해야 한다. 또한 지구온난화를 막지 못해 영구동토층에서 부활한 바이러스가 활성화하는 상황에 대비해, 이미 대응하기에 늦었을지 모르지만 피해를 최소화할 체계 구축을 고심할 때다.

1   EPA, Climate Change Indicators: Permafrost

2   국립기상과학원. http://www.nims.go.kr/?sub_num=866

3   Greene, C.A., Gardner, A.S., Wood, M. et al. (2024). Ubiquitous acceleration in
    Greenland Ice Sheet calving from 1985 to 2022. Nature

4   Damian Carrington. (Jan.17.2024).Greenland losing 30m tonnes of ice an hour,
    study reveals. The Guardian

5   Damian Carrington. (Jan.17.2024).Greenland losing 30m tonnes of ice an hour,
    study reveals. The Guardian

6   'If you're not thinking about the climate impacts of thawing permafrost, (here's
    why) you should be', UN News, 2022.01

7   최소 4×1025~ 최대 7×1029/ml=평균 3.5002×1029

8   Irvine-Fynn, T. D. L., and Edwards, A. (2013). A frozen asset: the potential of
    flow cytometry in constraining the glacial biome.Cytometry A85, 3 -7. doi:
    10.1002/cyto.a.22411

9   Edwards A. Coming in from the cold: Potential microbial threats from
    the terrestrial cryosphere.Front Earth Sci., 2015;3:10 -13. doi:10.3389/
    feart.2015.00012

10 Yarzábal LA, Climate change, melting cryosphere and frozen pathogens:
    Should we worry…?, PMC, 2021 May

11 Zhi-Ping Zhong, Glacier ice archives nearly 15,000-year-old microbes and
    phages, BMC, 20 July 2021

12 David Bressan, "Melting Glaciers Could Release Deadly Microbes, Scientists
    Suggest", Forbes, 2022.06

13 Ava Loomar. (Aug.18.2023). New study warns against risk of 'time-traveling
    pathogens'. CNN

14 Giovanni Strona & others. (2023). Time-travelling pathogens and their risk to
    ecological communites. PLOS Computaitional Biology. https://doi.org/10.1371/
    journal.pcbi.1011268

15 Thirty-thousand-year-old distant relative of giant icosahedral DNA viruses with
    a pandoravirus morphology, PNAS, 2014.03

16 Joseph Stromberg, "The World's Largest Virus Was Just Resurrected From
    34,000-Year-Old Permafrost", Smithsonian Magazine, 2014.03

17 1 μm =1/10-6m, 백만분의 1미터

18 1 nm=1/10-9m, 십억분의 1미터

19 그리스어: Αμφορέας, 영어: amphora

20 Vincent Racaniello. (Mar.04.2014). Pithovirus: Bigger than Pandoravirus with a smaller genome. Virology Blog

21 Jethro Mullen, "Scientists dig up giant virus more than 30,000 years old in Siberia", CNN, 2014.03

22 Rebecca Morelle, "30,000-year-old giant virus 'comes back to life'", BBC, 2014.03

23 Jean-Michel Claverie & oth., (2022). An update on Eukaryotic viruses revived from ancient Permafrost. Viruses 15(2). MDPI

24 Jean-Michel Claverie & oth., (2022). An update on Eukaryotic viruses revived from ancient Permafrost. Viruses 15(2). MDPI

25 Robin McKie, "Arctic zombie viruses in Siberia could spark terrifying new pandemic, scientists warn", The Guardian, 2024.01

26 Robin McKie. (Jan.21.2024). Arctic zombie viruses in Siberia could spark terrifying new pandemic, scientists warn. The Guardian

27 Vitalii Timofeev, Insights fromBacillus anthracisstrains isolated from permafrost in the tundra zone of Russia, PMC, 2019 May 22

28 Jon Cohen. (Sep.27.2023). Lurking in the deep freeze?. Science. Vol.281

29 Vitalii Timofeev, Insights fromBacillus anthracisstrains isolated from permafrost in the tundra zone of Russia, PMC, 2019 May 22

30 Alec Luhn, Anthrax outbreak triggered by climate change kills boy in Arctic Circle, The Guardian, 2016.3

31 A. Yu. Popova, Outbreak of Anthrax in the Yamalo-Nenets Autonomous District in 2016, Epidemiological Peculiarities, Проблемы особо опасных инфекций, 2016

32 Александра Качалова. Возвращение сибирской язвы. РОССИЯ, 1 8 2016

33 Michael Greshko, Lightning Kills More Than 300 Reindeer in Rare Mass Death, National Geographic, 2016 AUG 30

34 Elena A. Liskova, "Reindeer Anthrax in the Russian Arctic, 2016: Climatic Determinants of the Outbreak and Vaccination Effectiveness"

35 김준래. (2021.10.21). 영구동토층 해빙은 보이지 않는 공포의 시작?. 사이언스타임즈.

36 유럽우주국(ESA), https://www.esa.int/Applications/Observing_the_Earth/Permafrost_thaw_could_release_bacteria_and_viruses

37 유럽우주국(ESA), https://www.esa.int/Applications/Observing_the_Earth/Permafrost_thaw_could_release_bacteria_and_viruses

38 김준래. (2021.10.21). 영구동토층 해빙은 보이지 않는 공포의 시작?. 사이언스타임즈

39 Jon Cohen. (Sep.27.2023). Lurking in the deep freeze?. Science. Vol. 281

40 팀 벤턴. (2020.2.4.) 코로나 바이러스: 왜 동물로부터 더 많은 질병에 감염되고 있을까? BBC NEWS KOREA

41 이성규. (2021.2.8). 코로나19 팬데믹은 기후변화때문?, 사이언스타임즈

42 세계 주요 기상 선진국과 기관이 생산한 기후변화 예측 자료와 시나리오를 통합 분석해 지구의 과거와 현재, 미래의 기후변화를 이해하는 프로젝트인 'CMIP'에서 제공하는 전 지구 기후모델(GCM, General Circulation Model)의 기후변화 시나리오 4가지를 사용함 / SSP1-RCP 2.6: 2100년까지 지구온난화를 2℃ 미만으로 억제, 낮은 인구 증가, 강력한 온실가스 완화 및 토지 이용 변화(특히 전 세계 산림 면적 증가). SSP2-RCP 4.5: 중간 수준의 온실가스 완화 노력 및 토지 이용으로 2100년까지 지구표면 평균온도가 2.5℃ 상승하는 경우. SSP3-RCP 7.0: 인구 증가와 온실가스 완화 노력이 매우 약한 경우로 높은 인구 증가, 상당한 토지 이용 변화(특히 전 세계 산림 면적 감소)로 2100년까지 지구표면평균온도가 약 4℃ 상승하는 경우. SSP5-RCP 8.5: SSP3-RCP7.0보다 산림 면적 감소는 적지만 석탄 및 기타 화석 연료 사용이 크게 증가하여 2100년까지 지구표면평균온도가 4℃ 이상으로 상승하는 경우

43 Oliver Milman. (Apr.28.2022). 'Potentially devastating': Climate crisis may fuel future pandemics. The Guardian

44 University of Arctic, UArctic :북극 연구·교육과 관련된 고등교육기관, 연구기관, 그리고 기타 기관으로 구성된 협력 네트워크, 2016 한국 극지연구소 비북극회원으로 가입

45 Robin McKie, "Arctic zombie viruses in Siberia could spark terrifying new pandemic, scientists warn.",The Guardian, 2024.01

46 Robin McKie, Arctic zombie viruses in Siberia could spark terrifying new pandemic, scientists warn, The Guardian, 2024.01.21

47 Robin McKie, Arctic zombie viruses in Siberia could spark terrifying new pandemic, scientists warn, The Guardian, 2024.01.21

CHAPTER
10
'모두를 위한 지구 … '
거대한 전환으로 살려야 한다

누군가 '비건Vegan'이 되었다면 이유가 무엇일까. 건강, 다이어트 등을 생각할 수 있지만, 그 이유 중에 기후위기가 포함된다. 육식이 온실가스 배출의 주요 원인으로 꼽히면서 기후위기 극복에 동참하자는 취지로 비건이 된 사람이 생각보다 많다.

'출산 파업'이라는 말이 있다. 페미니즘과 관련된 것이지만, 기후위기와 무관하지 않다. 미래를 암담하게 바라보기에 그런 세상에 후손을 남기지 않겠다는 생각이다. 역으로 자녀를 낳음으로써 미래를 더 암담하게 하는 데 일조한다는 판단에서 '출산 파업'을 결의하기도 한다. 결과가 같지만 전자는 후손에 대한 애정, 후자는 지구에 대한 책임이 더 강한 동인인 셈이다.

불안한 미래

널리 알려진 항우울제 '프로작Prozac'이 상징하듯 우울증은 현대인의 대표적 질병 중 하나다. '기후우울증'이 새로 생겨나 나날이 이 우울증에 시달리는 사람을 늘려가고 있다. 이러한 현상은 인류의 미래를 낙관할 수 없기 때문에 빚어진다. 아예 탈출구가 없을 것이라는 비관적 전망 또한 강력하다. 지구온난화의 빠른 진전과 이어진 기후위기의 심화는 '인류세'란 말을 등장시켰으며 이 용어에 모종의 종말론 분위기를 부여한다. 위기가 분명한데 극복이 가능한 것인지, 어떻게 극복해야 하는지에 관해 신뢰할 만한 혹은 권위 있는 답변이 없어 더 답답하다.

1972년에 〈성장의 한계〉를 발표해 인류묵시록의 사실상 출발점이 된 [로마클럽]이 〈성장의 한계〉 50주년을 맞아 발간한 새 보고서 〈모두를 위한 지구〉에서 답을 내어놓았다. 50주년인 2022년에 나온 것을 협동조합 출판사 [착한책가게]에서 번역해 2023년에 국내에 출간했다. 결론은 "활로가 있다"다. 이 책의 부제가 '인류 생존을 위한 가이드'인 것에 주목하자.

1972년 유엔은 스톡홀름에서 〈인간환경회의〉를 소집했다. 이 회의는 환경 인식에 관해 지구촌 차원에서 이루어진 중요한 전환점이었으며, 이 회의에 앞서 로마클럽이 〈성장의 한계〉를 발간하여 세상을 놀라게 했다. 이후 이 책은 전 세계에서 수천만 부가 팔리며 제목 자체로 인류 문명의 질주에 경고를 가한 붉은 신호등으로 기능했다. 이러한 인식이 못마땅했는지 로널드 레이건 미국 대통령이 "성장을 가로막는 대단한 한계는 없다. 인간의 지성과 상상력, 호기심에는 한계가 없기 때문이다"라고 비난한 일화는 유명하다. 시간이 지나며 레이건이 틀렸고 〈성장의 한계〉가 맞는 것으로 판명났다.

〈모두를 위한 지구〉는 서두에 이 문제를 짚고 넘어간다. 지금과 비교해 성능이 많이 떨어지는 1970년대 초반에 '월드3'라는 MIT 컴퓨터 모델이 한 예측이 얼마나 정확했을까. 결론은 경험한 현실이 예측과 크게 다르지 않았다.

2012년 호주 물리학자 그레이엄 터너는 1970~2000년의 실제 데이터를 수집하여 〈성장의 한계〉에서 제시한 여러 시나리오 중

'현상유지BAU, Business-as-Usual' 시나리오와 비교했다. 그 결과 〈성장의 한계〉 연구팀이 제시한 시나리오가 현실에 근접했음을 확인했다. 2014년 터너가 다시 한번 실제 데이터를 수집해 비교했지만, 결과가 같았다.

2021년 네덜란드 연구자 가야 헤링턴이 다시 확인에 나섰다. 이번에는 40년치 자료를 가지고 '월드3'가 도출한 4가지 시나리오와 비교했다. 네 시나리오 중 첫 번째는 세계가 (문명의 방식) 경로를 변경하지 않고 현상 유지 경로를 따라 경제와 정치를 수행한다는 BAU 시나리오다. 2020년 무렵에 산업생산이 정점을 찍고 하락하며 인구는 좀 더 뒤에 정점에 이른다. 자원은 계속 줄어들어

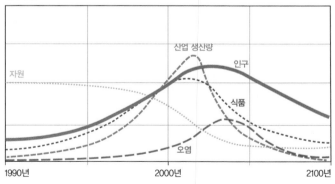

그림 10-1. BAU 시나리오
ⓒ 모두를 위한 지구

2100년이면 고갈 단계다.

BAU 시나리오를 갱신한 BAU2 시나리오는 활용할 수 있는 자원의 양을 BAU보다 2배로 늘렸다. 산업생산, 인구 등이 정점에 도달하는 시기만 뒤로 밀렸고 이후 급속하게 곡선이 하강했다. 인구 산업생산 등이 모두 2100년에 급감한다는 얘기다. 대신 오염 곡선은 BAU와 달리 꺾이지 않고 계속 올라가다가 2020년 언저리에서 급상승하는 형태를 보였다.

세 번째 CT 시나리오는 포괄적인 기술혁신이 대규모로 이루어짐으로써 지구 한계에 접근하면서 맞닥뜨리는 일부 문제(예: 식량)를 해결한다고 가정했다. 앞의 두 시나리오에 비해 상대적으로 감

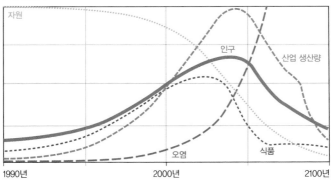

BAU2

자원

인구

산업 생산량

오염

식품

1990년   2000년   2100년

그림 10-2. BAU2 시나리오
ⓒ 모두를 위한 지구

당할 만한 것으로 인구가 21세기 후반 이후 안정적으로 유지되고 오염이 줄어들고 식량 문제도 해결된 상태이나 산업생산은 감소했다.

네 번째 SW 시나리오는 우선순위를 변경함으로써 세계를 안정화할 수 있는 경로를 탐구했다. 물질 소비 증가에 투자하는 대신 보건의료와 교육에 투자하고 오염을 줄이며 자원을 보다 효율적으로 이용하는 일을 앞세운 시나리오다.

헤밍턴은 〈성장의 한계〉 시나리오 중 SW를 뺀 3가지 시나리오가 실제 데이터에 근접했음을 확인했다. 이 말은 '월드3' 모델, 즉 〈성장의 한계〉의 예측이 정확하다는 뜻이다. 헤밍턴은 모델과

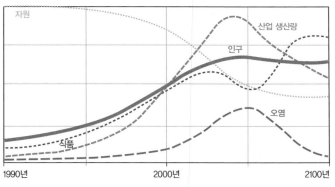

그림 10-3. CT 시나리오
ⓒ 모두를 위한 지구

현실이 근접하다면 경보를 발령해야 한다고 지적한다.

BAU와 BAU2, 2개 시나리오에서는 21세기가 끝나기 전에 인류문명의 붕괴가 일어난다는 것이어서 즉각 대처해야 한다. 특히 BAU2는 자원을 비효율적으로 남용하는 기간만 길어질 뿐 과도한 인구를 초래해 가장 심각한 붕괴에 직면했다. 〈성장의 한계〉에서 제시한 가장 이상적인 시나리오 SW는 현실 자료와 맞아떨어지지 않았다.

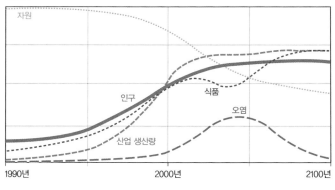

그림 10-4. SW 시나리오
© 모두를 위한 지구

어떻게 바꿔야 하나

로마클럽이 〈성장의 한계〉 50주년을 맞아 발간한 〈모두를 위한 지구〉는 2020년에 출범한 '모두를 위한 지구' 이니셔티브가 수행한 연구결과를 담았다. 이 연구의 지적 구심점은 세계의 저명한 경제사상가로 구성된 전환경제위원회와 '어스4올Earth4All'이라고 부르는 시스템 역학 모델이다.

현실은 〈성장의 한계〉에서 제시한 전망 중 최악의 시나리오로 수렴 중이다. 지난 50년 소비는 계속 늘었고 불평등이 증가했으

'거대한 도약' 시나리오

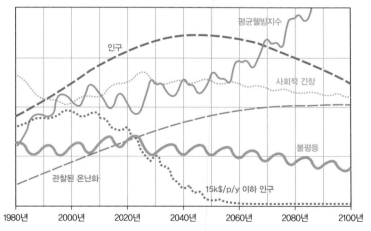

그림 10-5. '거대한 도약' 시나리오
ⓒ 모두를 위한 지구

며, 인간 경제는 지구의 수용 능력을 초과했다. 특히 가장 부유한 사람들이 지구에 엄청난 물질발자국을 남기고 있다.

'어스4올'은 2개의 시나리오를 상정했다. '부족한 노력, 놓친 시기Too Little Too Late' 시나리오는 지난 50년에 진행한 방식 그대로 우리 문명을 끌고 갈 때의 미래 전망이다. 다른 시나리오는 '거대한 도약Giant Leap' 시나리오다. 짐작하듯 전자의 시나리오는 문명의 붕괴로 간다. 최악의 상황에서 최소 자원을 두고 인류가 서로가 서로에 대해 늑대가 되는 사태를 각오해야 한다. 후자는 붕괴를 피할 수 있는 (그 의미를 정의하기 점점 어렵게 되어가고 있지만) '인간다움'이 존중되는 안정적 경로로, 누구나 희망하지만 욕심을 내려놓

총 에너지 비용

그림 10-6. '거대한 도약'의 총에너지 비용 전망
ⓒ 모두를 위한 지구

아야 하기에 걸어가기 쉽지 않은 시나리오다.

"이대로 가다가는 세계 질서가 무너지고 영원한 위기와 승자독식의 세계로 빠져들 수 있다. 반대로 방향을 바꾸어 모두를 위해 더 환경적이고 안전한 미래로 나아가는 돌파구를 마련할 수도 있다"는 안토니우 구테흐스 유엔 사무총장의 말 그대로 2개 시나리오가 구성됐다. '거대한 도약'은 대다수 사람에게 가장 큰 혜택을 줄 수 있는 정책을 탐구하고, 한 세대 안에 지구 한계 내에서 모두의 번영을 달성할 수 있도록 ◇빈곤과 결별 ◇불평등 전환 ◇여성에 권한부여(임파워먼트) ◇식량 전환 ◇에너지 전환이란 5가지 영역의 전환을 촉구한다.

'부족한 노력, 놓친 시기' 시나리오에서는 경제가 계속 성장하겠지만 사회 결속력, 복지, 안정적인 지구는 희생된다. 세계 지역 간 격차가 커져 대규모 갈등이 발생한다. 지역에 따라서는 사회붕괴를 배제할 수 없다. '거대한 도약' 시나리오에서는 절대 빈곤이 사라지고, 불평등이 대폭 감소한 결과로 다져진 사회 결속력과 민주주의를 통해 충격에 대한 취약성을 줄이고, 지구가 엄청난 압박을 받는 상황에서도 다수를 위한 복지를 제공하고 웰빙경제를 이룰 수 있게 된다.

'어스4올'은 보다 회복력 있는 문명을 구축하는 데 필요한 추가적인 투자 규모가 생각보다 크지 않다고 말한다. 지속가능한 에너지 안보와 식량 안보를 확보하는 데 드는 비용은 전 세계 연소득의 2~4% 수준일 것으로 본다. 작은 규모임에도 당연히 시장원리에 맡겨선 이러한 투자가 가능하지 않다. 5가지 전환을 이루기 위해선 시장방식과 장기적인 사고방식 모두를 재구성해야 한다. 이 투자는 첫 10년에 가장 많은 자원이 들 것이고 이후 투자규모가 줄어든다.

이 책은 "이 특별한 전환은 2050년 전에 달성될 수 있고 달성되어야 한다"며 "그러려면 지금 행동에 나서야 한다"고 강조한다. 여기서 많은 사람이 좌절하지 싶다. 시장원리를 탈피해서 당장 행동해야 한다는 데에 십분 동의하지만 현 국제질서와 사회체제 내에서 그게 가능한 일일까. 그럼에도 좌절에서 일어나서 움직이지 않으면 다음 세대는 영화 〈매드맥스〉 속에서 살아야 할지 모른다. 다음의 15가지 정책제언은 붕괴를 막기 위해 양식 있는 사람들이 한결같이 동의하는 것이라고 한다. 우리나라에서 이런 정책이 추진될 수 있는 의사결정이 가능하게 하려면 먼저 근본적인 변화가 필요할 것 같다.

15가지 정책 제언

빈곤

- IMF가 녹색 일자리를 위해 저소득 국가들에 연간 1조 달러 이상을 할당하도록 허용해야 한다. 바로 이것이 이른바 특별인출권을 통한 투자 창출이다.
- (1인당 소득 1만 달러 미만의) 저소득 국가가 지고 있는 모든 부채를 탕감해야 한다.
- 저소득 국가의 신생 산업을 보호하고 저소득 국가 간에 이루어지는 남반구―남반구 무역을 촉진해야 한다. 지식재산권 제약을 비롯하여 기술 이전에 걸림돌이 되는 장애물을 제거하여 재생에너지와 보건의료 기술에 대한 접근성을 개선해야 한다.

불평등

- 사회에서 가장 부유한 사람 10%에 대한 세금을 늘려서 국민소득의 40% 이상을 가져가지 못하도록 제한해야 한다. 오늘날의 세계에서는 강력한 누진세 제도가 필요하다. 불안을 일으키는 불평등 문제를 해결하고 사치스러운 탄소 소비와 생물권 소비 문제를 처리하려면 국제 사회에 존재하는 허점을 제거해야 한다.
- 노동자의 권리를 강화하기 위한 법을 제정해야 한다. 심층 전환의 시대를 맞이한 노동자에게는 경제적 보호가 필요하다.
- 시민기금을 도입하여 사용료와 배당금 제도를 통해 국민소득, 부, 지구 공유지를 모든 시민에게 공정하게 분배해야 한다.

젠더 평등

- 모든 소녀와 여성에게 교육 받을 기회를 제공해야 한다.
- 직업과 지도력에서 젠더 평등을 달성해야 한다.
- 적절한 연금을 제공해야 한다.

식량

- 관련 법을 제정하여 식량 손실과 낭비를 줄여야 한다.
- 재생농업과 지속가능한 생산력 증대에 대해 경제적 인센티브를 확대해야 한다.
- 지구 한계를 존중하고 건강에 좋은 식단을 장려해야 한다.

에너지

- 화석연료 사용을 즉시 퇴출시키는 대신 에너지 효율성을 개선하고 재생에너지를 확대해야 한다. 신재생에너지에 대한 투자를 지금 당장 3배 늘려 연간 1조 달러 이상을 투자해야 한다.
- 모든 것을 전기화해야 한다.
- 대규모 에너지 저장 기술에 투자해야 한다.

우리가 기적적으로 '거대한 도약' 시나리오를 채택한다고 하더라도 북극곰을 구해낼 가능성은 희박하다. 인간 중심적인 사유이겠지만, 그래도 이렇게 말해야 하지 않을까. 북극곰의 희생을 딛고 우리가 그나마 우리를 구제할 수 있게 된다면 그 희생이 꼭 무의미한 것만은 아니었다고. 책을 마무리하면서 [유엔환경계획UNEP]이 제안한 '당신이 기후위기에 맞서 싸울 수 있는 10가지 방법10 ways you can help fight the climate crisis'을 소개한다. 이 싸움에서 이길 수 있을지 불확실하지만, 만일 이기고자 한다면 개인 차원에서 10가지 방법을 체화해야 한다는 데에 이견이 없을 것이다.

1. Spread the word(말을 퍼트려라–'말'은 기후위기에 관한 것)

2. Keep up the political pressure(정치적 압박을 가하라)

3. Transform your transport(교통수단을 바꿔라)

4. Rein in your power use(전력사용을 억제하라)

5. Tweak your diet(식단을 바꿔라)

6. Shop local and buy sustainable(로컬제품, 지속가능한 상품을 구입하라)

7. Don't waste food(음식을 버리지 마라)

8. Dress (climate) smart((기후) 스마트하게 옷을 입어라)

9. Plant trees(나무를 심어라)

10. Focus on planet-friendly investments(친환경 투자에 집중하라)

EPILOGUE

코카-콜라 광고 속의
북극곰은 저렇게 행복한데

에필로그

◇

2024년 4월 17일 국내에 코카-콜라를 유통 판매하는 [LG생활
건강] 사옥 앞에 '재사용병 콜라 주세요'란 푯말을 든 북극곰이 나
타났다. [서울환경연합], [두레생협] 등 환경단체와 생활협동조합
단체들로 구성된 [유리병 재사용 시민연대]가 이날 '탄소중립과

그림 E-1. 2024년 4월 17일 [LG생활건강] 사옥 앞에서
[유리병 재사용 시민연대]가 재사용 유리병 사용 촉구 기자회견을 열고 있다.
ⓒ 서울환경연합

에필로그

◇

탈플라스틱 사회 전환을 위해 재사용 병음료를 적극 확대하라'는 재사용유리병 사용 촉구 기자회견을 열었고 이어 [LG생활건강]에 '유리병 재사용을 위해 코카콜라에게 요청합니다'라는 제안서를 전달하며 북극곰 인형옷을 입은 활동가가 퍼포먼스를 벌였다.

주식시장의 신화, 코카콜라

 빨간 목도리를 한 북극곰들이 빙하 위에 한가로이 모여 북극 하늘에 펼쳐지는 오로라를 보며 다 함께 코카-콜라를 마시고 있다. 1993년 2월 제65회 아카데미 시상식 TV 방송을 통해 세상에 처음 소개된 '언제나 코카-콜라Always Coca-Cola' 광고의 한 장면이다. 30년이 지난 지금까지도 매년 겨울이면 사랑스러운 흰색 털을 휘날리며 코카-콜라 북극곰은 우리 앞에 등장하고 있고, 환경보호와 기후변화 대응에 관한 인식 제고 등 친환경 마케팅의 좋은 소재로 사용되고 있다. TV 속 광고에 등장하는 북극곰은 유리병에 든 코카-콜라를 마신다. 그러나 판매점의 진열장에는 캔이나 페트병 코카-콜라가 눈에 더 많이 띈다.

에필로그

◇

    1887년 설립돼 140년가량의 역사를 자랑하는 코카-콜라는 전 세계 200여 개국에서 판매되는 세계에서 가장 인지도가 높은 브랜드다. 코카콜라는 세계 정상급 브랜드 컨설팅 업체인 [인터브랜드]가 발표한 '2023년 글로벌 100대 베스트 브랜드'에서 음료 부문 1위와 전 부문 글로벌 8위에 들었다. 코카콜라는 1주가 9,216주가 된 주식분할 신화와 2023년 현재 62년 연속 현금배당 증액이라는 신기록을 갖고 있다. 1919년 9월 5일 주당 40달러로 상장된 코카콜라는 상장 이후 1927년부터 2012년까지 총 11번의 주식분할로 1주가 9,216주가 되었다. 상장 초기 코카콜라 주식 1주를 2023년 말까지 갖고 있었다면 그 가치가 54만 3,000달

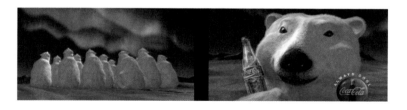

그림 E-2. 코카콜라의 TV 광고 속 북극곰들이 오로라를 보면서 코카콜라를 마시고 있다.
ⓒ The Coca-cola Co. The Story of the Coca-Cola Polar Bears 유튜브 캡처

러에 해당한다. 코카콜라는 100년 이상 배당금을 지급했을 뿐 아니라, 62년 연속해서 매년 배당금을 인상해 지급했다. 코카콜라는 가치투자의 대부 워런 버핏이 사랑하는 주식으로, 미국 배당주식을 대표하는 배당왕이다. 워런 버핏의 투자회사 [버크셔 헤서웨이]는 1988년 코카콜라 주식을 매입하기 시작한 이래로 계속해서 매입 수를 늘렸고 2023년 3월 현재 코카콜라 전체 지분의 8%에 해당하는 4억 주를 보유한다.

🐻 최악의 해양 플라스틱 오염기업은?

코카콜라가 막대한 성공과 '짜릿한 즐거움'을 표방하지만 그 이면에는 '폐기물 제조사'라는 오명이 존재한다. 글로벌 환경단체인 [플라스틱 추방 연대BFFP, Break Free From Plastic]가 2018년 세계 해양플라스틱 오염 기업을 처음 발표할 때 코카콜라가 1위에 올랐다. 이후 2018~2023년 [BFFP]의 조사에서 6년 연속 세계 최악의 해양플라스틱 오염 기업 자리를 차지했다. 이에 따라 코카콜라가 2020년 16%인 전세계 생산 음료의 재사용 유리병 전환율을

에필로그

◇

2030년까지 25%까지 끌어올리겠다고 밝혔다. [그린피스] 등 국제 환경단체는 2030년까지 50%로 높이라고 코카콜라를 압박했다.

코카콜라가 생산 판매하는 음료의 포장재는 거의 캔, 페트병, 유리병이다. 유리병 적용율이 30%인 코카콜라 라틴아메리카법인이 2018년 브라질, 아르헨티나 등에서 (재사용) 유리병을 적용한 결과 유리병은 평균 25회 재사용됐고, 플라스틱 사용량의 90%, 물 소비량의 45%, 일회용 페트병 대비 온실가스 배출량의 47%를 줄인 것으로 확인됐다.

2022년에 코카콜라는 2030년까지 포장재에 재활용 소재를 50% 사용하고, 2030년까지 판매되는 모든 병 또는 캔 포장재를 수거하여 재활용하겠다는 '쓰레기 없는 세상World Without Waste' 계획을 밝혔다. 하지만 [BFFP]가 2023년 수집한 코카콜라의 해양 플라스틱 폐기물 총량은 조사가 시작된 6년 이래 가장 많았다.

또 다른 연구에서도 코카콜라가 세계 최대 플라스틱 폐기물 배출 기업으로 확인됐다. 미국 캘리포니아대 [플라스틱오염연구소]와 영국, 필리핀 등 다국적 연구팀의 주도하에 2018~2022년 84개국에서 10만여 명의 자원봉사자가 해변, 공원, 강 등지에서

에필로그

◇

플라스틱 쓰레기를 수거해 상표를 기록했다. 조사된 플라스틱 쓰레기 180만 개 가운데 91만 개에서 상표를 확인할 수 있었고, 기업별로 코카콜라 제품이 11%로 가장 많았다.

코카콜라는 이처럼 플라스틱을 가장 많이 사용하는 기업 중 하나이다. 글로벌 순환경제 네트워크 [엘렌맥아더재단]의 2019년 보고서에서야 코카콜라가 사용하는 플라스틱 양이 최초로 밝혀졌는데, 2017년 한 해에 약 300만 톤으로 500ml들이로 연간 1,080억 병을 생산할 수 있는 규모다. 전세계에서 생산되는 페트병의 약 5분의 1에 해당한다.

[엘렌맥아더재단]의 〈2022년 국제공약 경과보고서〉에 따르면 코카콜라를 포함해 플라스틱 포장재 시장의 20%를 차지하는 1,000여 개 회원사는 2025년까지 누적 재활용률을 26%까지 끌어올리고, 2025년 이후 생산되는 신규 제품의 포장재를 재사용이나 재활용 가능한 플라스틱, 혹은 퇴비화 가능한 생분해성 플라스틱으로 100% 전환하기로 약속했다. 하지만 보고서는, 공개적인 약속에도 불구하고 대부분의 회원사가 목표를 달성하지 못할 것으로 내다봤다.

에필로그

◇

    과학자들과 환경운동가들은 재생원료를 전혀 활용하지 않고 화석연료에서 곧장 추출한 신규 플라스틱인 '버진 플라스틱'을 가장 문제시하며 2040년까지 단계적으로 '버진 플라스틱' 생산량을 줄여 나갈 것을 권고한다. 하지만 [엘렌맥아더재단]의 보고서는 "코카콜라, 펩시코, 월마트 3곳이 '버진 플라스틱' 생산량을 오히려 늘렸다"며 이들을 '최악의 공약 위반사'로 지목했다. 2019~2021년 사이에 코카콜라의 '버진 플라스틱' 생산량이 269만여 톤에서 278만여 톤으로 3.5% 증가했다. 2021년 '버진 플라스틱'을 포함한 코카콜라의 전체 플라스틱 사용량은 322만여 톤으로 2019년(약 300만 톤) 대비 8.1% 증가했다. 플라스틱 생산량이 늘수록 폐기물 양이 늘어난다는 것은 많은 연구를 통해 밝혀졌다. [BFFP]도 플라스틱 생산량이 1% 증가할 때마다 환경오염도 그에 상응하게 증가한다고 지적했다. 플라스틱 제품 생산을 줄이지 않는 한 오염을 막을 수 없다는 의미다.

에필로그

◇

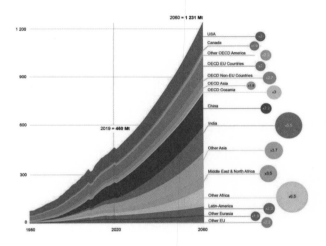

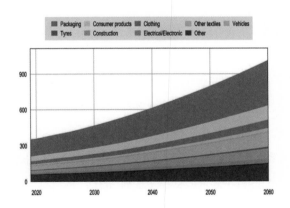

그림 E-3. 2060년까지 지역별 플라스틱 사용량 전망(위, 단위 MT),
2060년까지 용도별 플라스틱 폐기물 발생량 전망(아래, 단위 MT)
© OECD Global Plastics Outlook 2022

에필로그

◇

🐻 기후변화와 플라스틱

지구를 뒤덮은 플라스틱 폐기물 문제는 해양오염에 그치지 않고 지구 전체의 기후변화에 심각한 위협이 된다. 2021년 3월 네덜란드에 기반을 둔 해양보존 비영리단체인 [플라스틱수프재단 Plastic Soup Foundation]이 "플라스틱과 기후변화: 동전의 양면"라는 성명서를 내고 30곳 이상에서 경각심을 일깨우기 위해 시위를 벌였다. 거의 모든 플라스틱은 화석 연료로 시작되며 ① 화석 연료 추출 및 운송 ② 플라스틱 정제 및 제조 ③ 플라스틱 폐기물 관리 ④ 해양, 수로 및 경관에 대한 지속적인 영향 등 플라스틱 수명 주기의 각 단계에서 온실가스가 배출된다. 1리터의 플라스틱 병 하나를 생산하는 데 0.25리터의 석유가 필요하며, 전세계 플라스틱의 99%는 화석 연료로 만들어진다.

세계 총 석유 생산량의 8~10%가 플라스틱 제조에 사용되는데, 이는 완제품을 유통하고 보관하는 데 필요한 에너지는 포함하지 않은 수치이다. 쉘, 엑슨모빌, 셰브런 등 석유 슈퍼메이저들은 플라스틱에 막대한 규모로 투자한다. [쉘Shell]은 자사가 생산하는 플

에필로그

◇

라스틱이 에너지 제품이 아니라는 이유로 플라스틱 생산에서 유
발된 온실가스 배출량을 자사 온실가스 배출량에서 제외하는 등
교묘하게 기후변화 대응 취지를 훼손하고 있다.

플라스틱의 40%는 한 번만 사용되는 코카콜라 플라스틱 병
과 같은 일회용 플라스틱이다. 국제 비영리단체인 [국제환경법센
터CIEL]의 보고서에 따르면, 현재 추세대로 플라스틱 생산과 사
용, 소각이 증가한다면 2030년에는 플라스틱으로 인한 온실가스
배출량이 연간 13억 4,000톤에 달할 것이며 이는 500메가와트급
신규 석탄 화력발전소 295개 이상이 배출하는 양과 맞먹는 수치
이다. 산업화 이전 대비 2100년까지 지구표면 평균 온도 상승폭
을 1.5℃ 이하로 유지하려는 지구촌의 노력에 심각한 위협이 된
다. 2050년까지 플라스틱으로 인한 온실가스 누적 배출량은 전체
탄소 예산의 10~13%에 해당하는 560억 톤에 달할 것으로 예상
된다.

에필로그

◇

🐻 1.5°C와 북극곰

지구 온도 상승은 연간 온실가스 배출량이 아니라, 얼마나 많은 온실가스가 지구 대기 중에 축적되어 있는지에 따라 결정된다. 즉, 특정 시점까지 온실가스 감축 목표를 달성하는 것이 아니라 매년 온실가스 배출량을 줄여서 대기 중에 축적되는 온실가스 배출 총량을 줄이는 것이 중요하다.

온난화 방지 목표인 마지노선인 1.5°C를 넘기지 않기 위해 우리에게 할당되어 있는 온실가스 배출량은 얼마일까? 2020년 [기후변화에 관한 정부 간 협의체IPCC]가 '지구표면 평균 온도 1.5°C 상승 억제 목표' 달성을 위한 '잔여 탄소 배출 허용량'과 같은 의미로 '탄소 예산Carbon budget'이라는 개념을 도입했다. [IPCC]가 2021년에 발표한 〈제6차 제1실무그룹(AR6 WG1) 보고서〉에서 1.5°C 상승 억제 목표를 50% 확률로 달성한다는 가정 하에(1.5°C 내로 지구 평균기온 상승을 억제할 가능성이 50%인 경우) 2020년 우리에게 남겨진 탄소 예산은 5,000억 톤이었고, 2023년엔 3,800억 톤이었다. 1.5°C 내 상승 억제를 50% 확률로 달성하기 위해서는

에필로그

◇

2034년까지 전지구촌이 넷제로(전지구 탄소 순배출량이 0이 되는 것)를 이루어야 한다. 현재 제안되는 급진적인 온실가스 감축 시나리오보다 빠른 속도로 넷제로를 이뤄야 한다는 뜻이다. 현재 유엔은 2030년까지 2010년 대비 CO_2 배출량을 45% 감축하고 2050년까지 넷제로를 달성할 것을 목표로 하고 있다. 이 목표는 1.5°C 내로 상승을 억제할 가능성을 40% 기준으로 한 것이다.

영국 [임페리얼칼리지런던ICL]과 호주 멜버른대학교, 오스트리아 [국제응용시스템분석연구소] 등의 공동 연구진이 2023년에 최신 자료를 기준으로 탄소예산을 업데이트한 결과 2022년 말 기준 2,470억 톤으로 축소됐다. [IPCC]가 발표한 직후 불과 2~3년 사이에 탄소예산의 절반이 소진됐다는 뜻이다. 탄소 예산 고갈 시점도 9년 뒤에서 6년 뒤로 앞당겨졌다. 이번 탄소예산 산정도 1.5°C 목표를 달성하기 위한 확률을 50%로 둔 것으로 확률을 더 높이면 탄소예산 고갈 시점은 더 빠르게 다가온다.

지구온난화가 심화하면서 1.5°C라는 마지노선이 무너지는 시점이 앞당겨지고 있다는 연구 결과가 나오고 있다. 유럽연합EU 산하 [코페르니쿠스 기후변화서비스]와 미국기후분석단체 [버클리

에필로그

◇

어싴는 2023년에 이미 1.5℃를 넘어섰다는 결과를 내놓았다.

북극의 온난화가 지구온난화보다 2배 이상 더 빠르게 진행된다. 이러한 북극 증폭 현상으로 북극곰의 서식지인 북극 해빙 면적이 급격히 감소했음을 앞에서 살펴보았다. 2008년에는 북극곰이 지구온난화로 인한 멸종위기종으로 올랐고 북극곰 서식지 상실 위협은 계속해서 가중하고 있다.

해양포유류인 북극곰의 학명은 Ursus maritimus이다. 라틴어로 '바다의 곰'을 뜻한다. 먹이를 찾거나 번식을 하기 위해 북극해, 알래스카, 러시아, 그린란드 등에 걸쳐 최대 60만㎢를 걷거나 수영해서 이동하지만 북극곰은 육지나 바닷속이 아닌 북극의 해빙 위에서 일생을 산다. 북극 해빙의 손실은 북극곰 생존에 막대한 악영향을 미친다. 기존 예측(2050년)보다 15년 앞당겨진 2035년의 여름에 북극 해빙이 사라질 수 있다는 전망이 있다. 북극곰에게 멸종의 길이 열리는 셈이다.

북극과 한국 사이의 거리는 6,931㎞로 한반도 길이의 6.3배나 된다. 너무 먼 곳에서 일어나는, 나와 무관한 일로 여겨진다. 하지만 북극곰의 멸종에 우리는 크든 작든 모두 책임이 있다.

에필로그

◇

　"빨간 목도리를 한 저 하얀 곰이 정말로 북극의 얼음 위에서 살고 있나요?"

　장래의 어느 날 나의 딸들의 자식(들)이 코카-콜라를 마시는 행복한 북극곰 광고를 보며 이렇게 물어볼지 모른다. 그때 나는 그 하얀 곰이 추운 북극의 바다 위 얼음에서 사는 바다의 곰, 북극곰이라고, 그곳에서 행복하게 살고 있다고 말할 수 있을까.

　북극곰의 멸종을 목격하는 세대에 속하게 될 거라는 암울한 전망이 현실로 다가오고 있는 지금 무엇을 해야 한다고는 생각하지만 정작 무엇을 해야 북극곰을 구할 수 있을지 잘 모르겠다. 당장은 여전히 안일한 마음가짐이 대세인 우리 사회에 기후위기의 현실과 북극곰의 비극적 미래 전망을 있는 그대로 보여주는 일에서 시작하고자 한다.

2024년 서울에서
이윤진

지은이 | 안차용, 이윤진

펴낸곳 | 마인드큐브
펴낸이 | 이상용
책임편집 | 홍원규
디자인 | 너의오월

출판등록 | 제2018-000063호
이메일 | eclio21@naver.com
전화 | 031-945-8046
팩스 | 031-945-8047

초판 1쇄 발행 | 2024년 8월 26일

ISBN | 979-11-88434-82-4   03300